近代中日關係史料彙編
日軍侵犯上海
與進攻華北

Historical Documents on Modern Sino-Japanese Relations:
The Japanese Invasion of Shanghai and Northern China

近代中日關係史料彙編
總序

呂芳上
民國歷史文化學社社長

一

　　日本是中國的近鄰，也是強鄰，中日之間一衣帶水，本應唇齒相依，共營孫中山的大亞洲主義，互助互榮；也大可以在一念之間，分出蔣介石所規勸的敵乎友乎，和睦共處，以臻東亞大同境界。但日本國力強大之後，不此之圖，選擇走向侵略、走向戰爭，對鄰邦由蠶食而鯨吞，結果釀成的是你傷我殘的悲劇。

　　中日關係的發展，遠的不提，辛亥革命時，日本原有干涉意圖不果，改採兩面外交，著重者在滿洲特殊權益。1914 年一戰爆發，次年日方即向袁政府提出二十一條要求，嚴重妨礙中日正常外交的推進。二十一條交涉甫告段落，日本又為洪憲帝制，蛇鼠兩端，迫得袁世凱含恨以終。其後復對北洋政府在參戰、借款問題及和會、山東問題上，施其詭譎伎倆，導致五四運動的發生。1921 年的華盛頓會議，九國公約中，日本雖在特殊利益上，沒獲多大斬獲，但日本遍及東北、華北的軍事部署，其有恃無恐、肆意在華

擴張的野心，已相當明顯。

　　1926 年，在南方的國民革命軍，揮師北指，很快的統一中國，這不是對中國抱持野心的日本所樂見的事，於是中日關係走入新的階段。

二

　　1920 年代初期，在南方的國民黨勢力崛起，1926年國民政府開府廣州，接著北伐，1927 年定都南京，於是中國對內、對外新局面形成。1927 至 1952 年間，自北伐後中日談判重訂關稅、出兵山東開始，中經九一八、上海事件、華北事變、蘆溝橋事變，以迄戰爭結束、簽訂和約，具見日本以強國步步進逼，盛氣凌人，中國則以弱勢對應，先是退讓、容忍，終以干戈相見，最後日本以敗戰自食惡果。

　　1961 年，逢中華民國建國五十年，民間各界特別組成「中華民國開國五十年文獻編纂委員會」，負責出版各類叢書，其中之一是1964 年至1966 年以「中華民國外交問題研究會」為名編印之《中日外交史料叢編》一套九種。這套《叢編》基本上以國民政府外交檔案為主，北京政府外交檔案為輔編成。雖不能對兩國從文爭到武鬥的材料，作鉅細靡遺的羅列，但對兩國關係的重大起伏，實已提供學界深入研究的基礎史料。本社鑒於這套《叢編》對近代中日關係具有很高的史料價值，除聘請學者專家新編「華北事變」資料專輯附入外，特別以《中日外交史料叢編》九種為基礎，重新增刪並編輯匯成《近代中日關係史料彙編》

（以下簡稱《彙編》），以方便學界利用。

三

這套《彙編》，共含十五個主題概分為十七冊，包含約四千種文獻、三百萬字：一、《一九三〇年代的華北特殊化》本社最新輯編本，分三冊，由黃自進、陳佑慎、蘇聖雄主編，除利用外交部檔案外，並加入國史館庋藏之蔣中正總統文物相關史料。主要內容，包括長城戰役與塘沽協定（1933）、通航、通車、通郵交涉（1934）、華北特殊化與華北自治運動（1933-1935）、河北事件與南京政府退出華北（1935）、宋哲元與冀察政權（1935）、中日國交調整（1933-1935）、全面戰爭的前奏（1936）等，這三本資料集希望以豐富史料，重新探索1930年代中日、內外各方勢力競逐下的華北問題。二、《國民政府北伐後中日外交關係》19世紀中葉以後，西方勢力進入中國，因國力懸殊，中國頓成列強瓜分角逐場所，不平等條約既是帝國主義勢力的依憑，也是中國近代民族主義油然而生的根由。廢除不平等條約既是國民革命目標，北伐後爭取國際地位平等是國民政府外交努力的方向，也是中國與列強爭執的焦點。這本資料集可以看出中日雙方為長期的、偶發的政策或事件，形成外交角力的過程。主要內容有：國民政府定都南京後外交政策宣言（1927）、日本退還庚款及運用交涉（1929-1931）及中日重訂關稅協定（1926-

1935）、萬寶山事件與中村事件（1931-1932）均與
日本有關。三、《國民政府北伐後中日直接衝突》北
伐進行過程中，發生若干涉外事件，本冊所輯南京事
件（1927-1934）、漢口事件（1927-1931）、日本第
一、二次出兵山東（1927-1929）、。四、《九一八事
變的發生與中國的反應》侵略滿蒙，進而兼併中國，
是日本大陸政策的目標，甲午戰爭、日俄戰爭均是向
外擴張的北進政策，1931 年的瀋陽事變是日本北進
的高峰，更是二次大戰前奏。當時政府為應付嚴重變
局，特在中央政治會議內成立「特種外交委員會」，
自1931 年9 月至12 月，共召開五十九次會議，本冊收
錄了這一重要會議的會議紀錄。五、《九一八事變後
日本對華的破壞與侵逼》九一八事變之後，日本侵華
腳步未曾停止，所謂「得寸進尺」差可形容，本冊所
輯資料，重在日軍繼續挑釁（1932-1933）、日軍暴行
與中國損失（1931-1933）、日本在東北破壞中國行政
權完整（1932）。六、《日軍侵犯上海與進攻華北》
1932 年，日本藉口上海排斥日貨，嗾使日本浪人及
海軍陸戰隊滋事，毆人縱火、殺死華警。上海市府提
出抗議，日領反稱日本和尚五人被毆，提出反抗議，
要求中方道歉、賠償、懲兇、制止反日行動。1 月28
日，日方迫令中國軍隊退出閘北，隨即向中方開火，
是為淞滬戰役。歷時月餘，5 月初始成立停戰協定。
事實上，九一八事變後，日軍節節進迫，進攻熱河，
侵擾察冀，無底於止；中方則忍辱負重，地方飽受戰
火蹂躪，中央遭受輿論撻伐，中日關係瀕臨破裂。本

資料集收錄日軍侵犯上海之一二八事變（1932）、進犯熱河（1932-1935）、侵擾察冀及河北事件致有「塘沽協定」，及所謂「何梅協定」（1933-1935）等文件的簽訂。七、《蘆溝橋事變前後的中日外交關係》廣義的第二次中日戰爭，始於1931年九一八事變，止於1945年日本投降。十四年間又可分為兩階段：九一八至七七（1931-1937）中國是屬備戰、局部抵抗時期，日方是侵犯、挑釁期；七七之後中國是全面抗戰，日方則陷入戰爭泥沼期。前六年中日關係有戰有和，中方出於容忍、訴諸國際調停者多，後八年中方前四年獨立作戰，後四年與盟國協同作戰，對內對外，對敵對友的諸多交涉，交件中充分顯示戰前與戰爭外交的複雜面貌。本冊主要內容包含：（一）七七事變前的中日交涉（1934-1937），涉及廣田三原則、共同防共及滿洲國承認問題。（二）事變前日方的挑釁（1934-1936），又包括藏本事件、香河事件、成都事件、日人間諜行為等。（三）從七七到八一三（1937-1938），指的是全面抗戰爆發前後的中日衝突，例如蘆溝橋事變的發生、交涉、日本中國撤僑、八一三虹橋事件及戰事發展等。八、《蘆溝橋事變後中國向國際的申訴》七七事變後中日軍事衝突加劇，但鑒於雙方勢力懸殊，中國仍寄望透過國際干涉以制止日本侵華野心。本冊文件集中在中國向國聯控訴日本侵略（1937）。內容包括是年9月13日中國向國聯提出對日控訴始末。其間涉及國際間聲援、九國公約會議種種相關資料。九、《滿洲國的成立與國聯對日

本侵華的處理》1931年九一八事變後，因國聯不能有效制裁日本的侵略行動，日本乃放膽實施侵吞中國計畫，一方取速戰速決之策，以亡中國；一方為掩人耳目，實行以華制華之計，製造傀儡組織。1932年滿洲國之成立到1938年扶植汪偽，均此之圖。本集主要內容有偽滿洲國的成立經過（1932-1935）；中國控訴、國聯之處理（1931-1933）。十、《偽組織的建立與各國態度》本冊文件集中在華北自治問題（1935-1937）及南京偽政權（1938-1943）之醞釀與成立。十一、《抗戰時期封鎖與禁運事件》戰爭發生後，可注意的事有三，一是受戰爭影響的敵境及海外華人權益維護問題、敵僑處理及外僑保護，二是敵人對鄰近地區的禁運、控制，三是盟國以自身利益出發的措施如何影響中國。大抵言之，國民政府與同盟國結盟，提升了國際地位，也保障戰後國際角色的演出。不過，同盟關係也有摩擦和困擾，例如美國中立法案（1939-1941）、英國封鎖緬甸運輸通路（1940）對中國造成的損害。本集資料內容即包括：一、戰時中國政府的護僑、護產措施；二、日本對東南亞的控制，如越南禁運、封鎖緬甸、控制泰國；三、美國中立法案、禁運法案及與日使野村談判；四、1940到1945年間日蘇關係的轉變等。十二、《日本投降與中蘇交涉》1945年8月14日，日本投降，上距七七有八年，距九一八為時十四年，距甲午之戰五十一年，「舉凡五十年間日本所鯨吞蠶食於我國家者，至是悉備圖籍獻還。全勝之局，秦漢以來所未也」。中國戰勝意義自是重

大，但蔣中正委員長在當天廣播中，則不無憂慮的指
出：「抗戰是勝利了，但是還不能算是最後的勝利。」
顯然國共關係惡化、戰犯處置之外，東北接收與中蘇
交涉等棘手問題，均將一一出現。本集資料重在日本
投降經過，接收東北、接收旅大與中蘇交涉，張莘夫
被害案（1945-1947）。十三、《戰爭賠償與戰犯處
理》包含1943 年同盟國準備成立戰爭罪行調查會至
1948 年中國戰犯處理委會工作報告相關文件。十四、
《金山和約與中日和約的關係》交戰雙方和約簽訂，
戰爭才算結束。中華民國對日和約，遲至1952 年日
降後六年又八個月才在臺北簽字，原因涉及戰後中國
變局。1945 年日本敗降，1949 年12 月，中國共產黨
勢力席捲大陸，中華民國政府退守臺灣，這時蘇聯在
東亞勢力擴張，國際局勢鉅變，戰勝的中、美、英、
蘇、法五強，對東亞新秩序的建立，有複雜考量，同
盟52 國在舊金山召開對日和會，直到1951 年9 月8 日，
才有蘇、波、捷之外的49 國參與簽訂的金山和約。
當時中華民國未獲邀參加，次年（1952）4 月28 月在
臺北正式簽訂中華民國對日和約，結束了中華民國與
日本的戰爭狀態。由於戰後美國在東亞扮演舉足輕重
的角色，因此也可看到中、美、日三方外交穿梭的足
跡。本集資料主要有一、中國對金山和約立場表示
（1950-1952）與金山和約的簽訂；二、中日雙邊和約
前的籌議，包括美方意向、實施範圍、中日雙邊交涉
及名稱問題的討論。十五、《中華民國對日和約》二
戰結束後，冷戰接踵而來，1949 年後中國形成一國兩

府的分裂局面，蘇、英、美對誰能代表中國與日本簽訂和約有分歧看法，1950 年韓戰爆發，英、美獲得妥協，同盟國對日舊金山和會不邀中國參加，在美方折衝下，日本決定與中華民國政府商訂雙邊條約。1952 年 2 月，日代表河田烈與中華民國外交部長葉公超在臺北磋商，最後雙方簽訂「中華民國與日本國間和平條約」，雙方互換大使，直到 1972 年 9 月，遷移臺灣的中華民國政府與日本維持了約二十年的正式外交關係。這本資料集彙聚雙邊和會的一次籌備會、十八次非正式會議及三次正式會議紀錄，完整呈現整個會議自籌備至締約的過程，史料價值極高。

四

如果說抗日戰爭是八年，那麼九一八後的六年是中國忍氣吞聲、一再退讓的隱忍時期，七七事變應是中國人吃盡苦頭、退無可退的情況下，為求生存而奮起的開端，此後的九十七個月，在烽火下的中國百姓，過的何止漫漫長夜。八年中前五十三個月，中國孤軍奮鬥，後四年才有盟軍並肩作戰，其間大小戰鬥無數，國軍確實是勝少敗多，即使勝利前多，說國命堪危也不為過。這次戰爭，日本固然掉入難以自拔的泥潭，中華民國政府也在獲得遍體鱗傷的「皮洛式勝利」（Pyrrhic Victory）後，隨即江山易色，勝利者反變成另一場戰爭的失敗者，其後政局的演變，似乎不容易給史家，從容寫出恰如其份的抗戰史來。

1970 到 1990 年代，中研院近史所曾利用庫藏外

交部檔案，出版過民國時期「中日關係史料」十五種
二十一冊，選題時間範圍只限於北京政府時期（1912-
1928）。本社出版這套《彙編》，正好延續了其後國
民政府的時段。這個時段提供了局面更為複雜的交
涉、戰鼓不斷、煙硝不熄的中日關係發展史料。

　　有了新史料，就會有新議題，就可期待史家新研
究成果的出現。我們出版史料的初衷是如此。

編輯凡例

一、本書原件為俗體字、異體字者，改為正體字；無法
　　識別者，則以□符號表示；挪抬及平抬一律從略。

二、本書排版格式採用橫排，惟原文中提及如左如右
　　等文字皆不予更改。

三、以上若有未盡之處，敬祈方家指正。

目錄

第一章
日軍侵犯上海

第一章　日軍侵犯上海
第一節　日僑在滬挑釁

一　日僑滋事

上海市長張羣來電

民國廿年十月十一日

限一小時到。南京國民政府、蔣總司令、行政院鈞鑒、戴院長季陶先生賜鑒、外交部勛鑒：○密。今日下午一時，日人在北四川路日本小學校內開居留民大會，到四千餘人。其議決案謂：「請日政府速用斷然強硬而有效之手段，徹底解決中日間諸懸案，及根本制止不法而暴戾之對日經濟絕交。為達上項目的，我居留民有忍受任何犧牲之覺悟。」云云。除發宣言外，並將議決案電致日總理、外務、陸、海軍各大臣及關東軍司令矣。三時後散會，結隊沿北四川路一帶，由北而南中有少數日青年及醉酒者，行經白保羅路及虹江路等處，撕毀兩旁店鋪玻璃窗上所貼之反日標語，引起華人紛集尾隨喧嘲叫打，幾釀事端。幸公安局各區所警士早經注意防範，當即就地勸散，並未發生意外。其時租界巡捕及日本陸戰隊士兵亦曾出動彈壓，未入華界。惟有三日人被狄思威路捕房帶往保護。另有一華童受微傷，知注，謹聞，張羣叩，真（十一）戌。

上海市長張羣來電

民國廿年十月十六日

限即刻到。南京國民政府、蔣總司令、行政院鈞鑒：戴院長季陶先生、中央黨部訓練部賜鑒：外交部勛鑒：密。前、昨兩夜，日人又有沿北四川路南行，撕毀商鋪所貼反日標語及毆擊華人情事，跡近挑釁，幸華租界警捕均有早防範，並未發生意外。今日上午，日總領事村井來府，當由羣面提抗議，促其注意制止。彼謂：已將肇事之日人拘押，並勸告日僑勿再撕毀標語，免生事端。但因北四川路一帶所貼反日標語甚多，值此日僑氣盛，難免不因刺激而有越軌行動，希望我方亦特加注意。村井又謂：日僑因華商煤米店斷絕售賣，極恐慌慮釀事故，請予維持。羣當允予維持，惟須勸止彼方僑民勿再有挑釁行動，繼復詢其前日報載吳軍港日艦繼續開滬消息，彼謂尚未接到正式通告。今日滬市安謐無事。知注，謹聞，張羣叩。銑印。

上海市政府咨

民國廿年十月十八日

為咨行事：案據市公安局呈稱：案據本局所屬第五區一所所長陶先渠呈稱，竊於本月十四日午後十時許，據外勤警長孫長銘報稱，頃有日本浪人約計三、四十人之多，手執木棍一條，在北四川路一帶兩旁撕扯標語。始而人民尚稱鎮靜，後該日本人等竟向商店內撕扯，於是各商民憤恨之餘，乃群呼打東洋人。詎料日本之陸戰隊適於此時到來，該兵士等各出刺刀威嚇，而日本浪人亦

於此時散去，各商民等亦皆緘默，幸未釀成大事。所有經過情形，報請核轉，等情前來。職得訊後，當即加崗，暨多派巡邏，注意防護。幸人民亦皆有知識，不肯為無意識之舉動，故未釀成大事。然此等挑釁動作，若不提出抗議，長此以往，難免不再發生其他事故。所有職所轄境北四川路一帶日本人撕毀標語經過情形，理合備文呈報，等情，據此。除分報淞滬警備司令部備查並令飭該所隨時注意維護外，理合據情呈報。正核辦間，復據該局呈稱：案據本局第五區第二所所長李警報稱：本月十五晚，有日本浪人三五成群，挾懷木棍利刃，在北四川路一帶，撕毀反日標語，意圖挑釁。川公路口及靶子路等處曾發生兩次衝突，經崗警巡捕制止始告無事。至十一時三十分，北四川路忽有日人三、四名，爭執木棍毆打市民。有馬阿毛者，頭部被擊一穴，向虬江路逃避，該日人等尚尾追不捨，當時市民圍聚頗多，秩序紛亂。幸崗警巡捕竭力勸止，未肇大事。該馬阿毛由崗警救護到所，轉送濟生醫院醫治，傷勢頗重。至肇事日人，由狄思威路巡捕帶往捕房，等情，附呈傷單一紙。據此，理合檢同傷單備文轉報，仰祈鑒核。俯賜轉函日本總領事館交涉，以維治安，實為公便，各等情，據此。除面向日領提出抗議，保證以後不得再有此類行動，如果因此引起不幸事件，應由日方負其全責，並請將肇事日人嚴加懲處。一面商同黨部，注意所貼標語，不得有違法詞句。一面嚴飭市公安局注意維護，暨分別呈咨外，相應咨達，即頌臺照為荷，此咨外交部。

市長　張羣

上海市市長張羣來電

民國廿年十一月三日

限即刻到。南京國民政府、蔣總司令、行政院鈞鑒：中央黨部宣傳部、訓練部、戴院長季陶先生、外交部勛鑒：○密。一、昨日午後二時，日人開長江流域日本人聯合大會，日領館及華租兩界，均派中西探捕在附近一帶警戒防護。三時半散會，秩序尚好，並無事故發生。查日人到會者，共三三一五名。其決議案：（一）為確保東洋和平及增進中日兩國之福祉起見，日本須斷然膺懲暴戾的中國。（二）事案之解決，須中日直接交涉，絕對排除歐美及其他各國無理的容喙。以上主張，聞上海日紡織業不甚贊成，故無代表參加。二、前昨兩日，日紗廠代表開會，討論閉廠辦法，最後之具體案再提交各紡織代表大會議決。惟華工五萬餘人及日人從業者六千餘人，多有家屬，故要求慎重辦理。聞閉廠時期擬定於本月下旬中云。三、同興紗廠工人昨日開會，要求插入申新第五、第六兩廠，因該兩廠未允收容，尚未解決。四、昨日上午九時，上海各大學義勇軍本定在江灣復旦大學會操，請汪精衛先生檢閱訓話。因服裝尚未齊備，改於三日舉行。又，上海義勇軍昨在公共體育場宣誓，由葉惠鈞監誓訓話。五、前日建華絲織廠工人因要求組織義勇軍及抗日會，與廠方齟齬停工，經區署派員前往詢明肇事原因，現正由市黨部、社會局協商調解。六、今日滬市安謐如常。知注，謹聞，張羣叩，冬（二日）。

龍華戴戟來電

民國廿一年一月廿日

限即刻到。南京國民政府、行政院、軍政部、外交部、參謀本部、衛戍司令長官鈞鑒：密。號（廿）晨電計呈鈞覽，頃據本部偵查隊調查，今晨三友工廠失慎事件，似係日人報復縱火。緣前晚日僧被毆，日人即疑為三友工人所為。今晨二時，特糾集三、四十日人，攜手槍、炸彈、火藥、硫磺等物，鑿洞掩入該廠縱火。迨該廠發覺，知照鄰近之租界捕房、警亭，轉知消防隊，該日人又將電話線割斷，並戳傷巡捕三名。現該廠尚遺有火酒瓶及包硫磺之布，似係日貨，或可為日人縱火物證。又據公安局溫局長報告，該廠起火時，日人禁止巡捕鳴鐘告警。因以發生衝突，結果巡捕死一傷三，日人死一傷二各等情。除候調查確實再行會商市府抗議，並飭各軍警注意防範外，謹聞，職戴戟叩，號（廿日）午參印。

龍華戴戟來電

民國廿一年一月廿日

限即到。國民政府、行政院、軍政部、外交部、參謀本部、衛戍司令長官鈞鑒：密。號午參二電計呈鈞覽。頃據報：日僑約二千人號未在蓬路日本俱樂部開會，嗣赴日領署請願。頃散。在閘北虹口路、北四川路一帶兇毆行人，搗毀商店多家，暴行尚未停止，形勢嚴重等情。除飭軍警嚴加防範外，並請市政府迅向日領交涉制止。謹先電聞，餘容續，職戴戟叩，號申參。

上海市政府來電

民國廿一年一月廿一日

南京。中央執行委員會、行政院鈞鑒：外交部勛鑒：
密。皓電計達，茲據市公安局報稱，據五區四所報告，
本日上午二點二十分鐘，三友毛巾廠失慎，經派警彈
壓，並由楊樹浦救火會灌救，旋即息滅。詎至四時，又
復起火，亦即息滅。嗣由警長劉青雲在該廠水爐子地
方，檢得引火藥一包、火酒瓶一只、高級飲料一只。同
時楊樹浦巡捕房華探閔兆賢亦拾獲火酒瓶子一只、漆皮
鞋一雙、刺刀籙一只。當經調查起火原因，據該廠廠長
勞惠民聲稱，此次起火，定係日人縱火所致。因所撿獲
之物，均係日本貨品，足以證明等語。又據警長劉青雲
調查報稱：當三友廠失慎時，該廠前公共租界華德路
底，楊樹浦第一報警亭之守衛巡捕二人（一為三〇二九
號，一為一一一六號）正在用電話報告捕房，突被身著
便衣之東洋人約三、四十人圍集亭前，將該捕斫落三
指。餘二人亦受重傷，並將電線截斷，擲於河中。另有
七六五號巡捕即奔赴公共租界臨清路，擬再打電話，被
該日人在後擊死等語。合將在火場拾獲之引火證物，備
文呈報等情，轉報察核等情前來。經向公共租界工部局
查詢，據稱：此次起火確係日本浪人所為，當該日人逃
入租界時，與華捕抗拒，結果華捕死一名，日人受傷
二人，死一人等語。除檢齊證物向日本總領事提出抗
議外，理合先行電陳，伏乞鑒核，上海市政府叩，號
（二十日）。

龍華戴戟來電

民國廿一年一月廿日

限即到。國民政府、行政院、軍政部、外交部、參謀本部、衛戍司令長官鈞鑒：密。頃據公安局長溫應星報告：今晨二時半，馬玉山路之三友工廠忽失火，焚燬房屋六間。同時附近之租界巡捕為人戳傷三名。駐在該廠近旁日商東華紗廠內之少數日本陸戰隊，即刻出動。我駐廠警察為避免誤會計，除留少數便衣警外，餘暫撤退。今晨六時，大火又起，但旋即熄滅，日陸戰隊亦即撤回。據調查起火原因，似係日人為巧（十八日）申日僧被毆事件報復縱火。起火時租界巡捕代該廠通知消防隊，故加以戳傷，詳情仍在調查中等情。除已通飭閘北軍警偵察情況注意戒備外，謹先電呈，餘容續報，職戴戟叩，號（廿日）辰參。

上海市政府來電

民國廿一年一月廿四日

南京外交部勛鑒：○密。養（廿二）電誦悉，十八日日僧徒被毆事，業經嚴令市公安局勒限緝兇歸案法辦。至二十日日僑縱火傷捕一案，已於號（廿）日電告並分報各在案。茲將抗議該案要點及北四川路日僑聚眾滋擾情形分述於次：（一）關於日僑縱火傷捕一案，抗議之內容略謂：查該日人等竟敢於清晨結隊縱火，燒燬本國工廠，殺死我在職華捕，不獨於法所不容者。際此多事之秋，其影響所及，尤為嚴重。除當即派員面提抗議外，用提下列條件：一、日本總領事向本市長表示歉意。

二、迅速逮捕及嚴懲縱火殺人之罪犯。三、充分賠償被
害者，其賠償金額另協定之。四、切實保證嗣後不得有
同樣事件發生。請貴總領事對於上述各條件誠意履行，
俾本案可以從速解決。（二）關於日僑聚眾滋擾一案，
據市公安局呈報：本月二十日下午一時，本市日本僑
民，在公共租界蓬路日僑俱樂部開會，到會人數約千餘
名。會議完畢，即赴駐滬日本領事館及日本海軍陸戰隊
請願。行經北四川路時，沿途滋擾打毀華商店舖多家，
並將第一二五號一路電車及租界公共汽車玻璃打壞。折
至虬江路口，將華商店舖之玻璃窗亂行搗毀。至下午六
時，折至狄思威路，始行散出等情。當由本府據以提出
抗議，並請嚴懲肇事人犯，及嚴切制止以後不得再有同
樣事實發生。至各商店所有受損失數目，俟詳細調查後
要求賠償等語。此本月廿日運續發生兩案之經過及交涉
情形也。至引火證物，尚存公安局中，並未向日領提
出，合併聲明。准電前因，相應查案電復，即希查照，
上海市政府叩，漾（二十三日）。

二　日陸戰隊介入糾紛

上海市長張羣來電

民國廿年十月十九日

限即刻到。南京國民政府、蔣總司令、行政院鈞鑒、中
央黨部、訓練部、戴院長季陶先生、外交部勛鑒：○
密。皓（十九）電計達。（一）關於日海軍陸戰隊直接
干涉群眾運動事項，與工部局密商制止辦法。工部局除
直接勸告日領外，並擬將情形報告領團，予以警告。羣

正派人與日領接洽，如能制止，自可減少危機。（二）
巧（十八）電所陳日人在小學校開會事，查係滬僑在鄉
軍人討論時局，內容未詳。知注，謹聞，張羣叩，效
（十九）印。

上海市長張羣來電

民國廿年十一月十六日

限即刻到。南京國民政府、蔣總司令、行政院鈞鑒，中
央黨部、宣傳、訓練部、戴院長季陶先生、外交部勛
鑒：。密。（一）日巡洋艦對馬今午到滬。（二）今晨
九時公共租界平涼路有一華孩，見騎腳踏車之日人經
過，口喊打倒東洋人，日人遂將該孩擊傷而遁。旋有坐
汽車之數日人經過，為華人毆傷。截一日陸戰隊趕到，
則已由巡捕帶入捕房。日陸戰隊亦遂退去。（三）今日
滬市安謐如常。知注，謹聞，張羣叩，刪（十五日）。

上海市長張羣來電

民國廿年十二月二日

國民政府、蔣總司令、行政院鈞鑒：中央黨部、宣傳
部、訓練部、戴院長、外交部勛鑒：○密。（一）特區
市民聯合會義勇軍代表七人，今晨赴京請願。（二）日
陸戰隊百餘人今晨在北四川路狄思威路附近演習，安置
電話，旋即散去，未生事故。（三）現日艦駐滬者有常
磐、對馬、安宅、室戶四艘。（四）今日滬市安謐如
常。知注，謹聞，張羣叩，東（一日）。

三　日武裝水兵上岸兜毆華人

上海市政府咨

民國廿年十一月十六日

逕啟者：案准日本駐箚上海總領事村井倉松函開：「案准本月二日大函，以上月二十八日日本海軍兵士，在浦東方面毆傷中國工人七名，請轉飭海軍主管長官，嚴懲行兇水兵，對負傷工人予以撫恤，並保證以後不再發生同樣事件等由。惟查上月二十八日，我國軍艦安宅號所以派少數兵員赴浦東方面，係根據新井洋行之報告，謂該行輸入耐火甎瓦一萬四千六百四十六束，正擬分裝駁船五艘，運赴內外綿會社工場之際，突被上海抗日會浦東檢查所人員非法強奪，請予保護等情。故該艦遂派兵發往。復據安宅軍艦之報告，及當日本館派往浦東之館員報告，當抗日會檢查員及工人等瞥見我國兵士前往，均狼狽圖逃，有自行投入江中者，而大多數均經逃亡無蹤。兵士到後，即以實力將貨物奪還。但我海軍兵員之未向彼等施行暴力，乃貴市公安局第三區長到場時所目擊。又抗日會上述強奪行為乃非法越軌之行動。對於此種暴行，被害者自身如採取自衛手段，固屬合法。即無直接關係之第三者為欲阻止暴行而採取必要手段，在任何國之法律上，俱承認為合法。貴國刑事法規亦有是項規定，此點業於八月二十日函中向貴市長言明。乘此時機尚應再向貴市長喚起注意者，查十月六日奉上一函，曾請貴市長取締一般抗日運動及經濟絕交運動。旋准同月九日函復，以非法越軌行動自當予以取締，但援世界各國成例，政府對於民眾運動之嚴守秩序，不超出法律

範圍者，殊難加以取締等語。現在時隔月餘，抗日會員非法越軌之行為依然頻發，實令本總領事深為遺憾。究竟是項行動貴市長是否認為『嚴守秩序，不超出法律範圍』之舉動而未加取締，抑認為非法，但無取締之意，故任其放縱，實為本總領事深滋疑慮之點。茲姑以強奪日貨行為為例，此種行為，乃因朝鮮事件之影響而起之排日運動以來，繼續實行以至於今日者。在當初即已頻發對於日商所有貨物之強奪，迭經本館向貴國官廳交涉發還。但在發還之後，貴國官廳迄未對犯罪者加以何等威力，每以訓諭了事，是以發還手續亦不能迅速執行，至少須一星期，多則如互綿月餘者，亦屢見不奇，且尚有數件已經本館數度督促迄未見發還者。又有強奪貨物之所在地及犯人姓名當初即已明瞭，雖經本館數次要求而仍不得發還者。此種態度，不僅明示貴國官廳之怠慢，且不得不使任何人疑及貴國官廳對於此等犯行之默認。其更甚者，有如華商所有日貨之扣留。此種行為，亦係自排日運動以來所繼續實行者，其次數不啻數百件，其事實亦迭經由反日會公然揭諸報端。貴國官廳不但迄未講求取締手段，且對於此種犯行者亦未聞有一人受何等處分，直令本總領事認為詫異。除上述非法強奪日貨以外，抗日救國會之非法行為尚有不遑枚舉者。彼等擅自宣言斷絕對日經濟關係，設立關於實行之各種法規，明言如有違反者，課以私刑。對於商人等不僅予以種種壓迫及威脅，強制其交易關係之斷絕，且進而派遣檢查員等赴商店檢查商品，並加封存，或派員監視商店，阻礙交易，或如上述在貨物運搬之時，嚴格檢查，

如認係日貨，即以強力押收之，或以賣買日貨為理由，將商人拉致監禁或令其穿著賣國賊之衣服，投諸檻籠以之示眾。或課以鉅額之罰金，沒收其財產。凡此種種，莫不違法，而貴國官廳對於如此明顯之非法行為，迄未加以有效之取締，而任其放縱，此乃周知之事實。如貴市長對於此種強奪日貨之行為，及其他類似之恐怖手段，認為嚴守秩序，不超出法律範圍，則煩明切示知。如與本總領事所見相同，貴市長亦認為係不法之行動，則請勿再如向來之放縱默認，將來務必講求有效而嚴重之取締手段。相應一再懇請，務希查照為荷」等由，准此，除函請本市黨部轉飭慎重辦理外，相應抄錄本案詳細經過，咨請貴部查照，此咨外交部。

計抄：上海市抗日救國執行委員會十月三十日呈一件、市公安局十月三十一日呈一件、本市政府十月二十一日公函總領事署一件。

市長　張羣

抄公安局呈

（原件日期不詳）

呈為呈報事。案據本局第三區區長張鳴欽呈稱：竊查本月二十八日，浦東鴻升碼頭有武裝日軍二十餘人登岸，以致秩序大亂，民眾憤激一案，業於當晚呈報在案。查當時該日軍登岸時，區長得信後，立即率同巡官長警等馳往交涉，直延至本晚十時餘，始行戢事。迨至秩序恢復後，始知尚有工人數名受傷。奈早已散去，無從詢問。隨即追詢抗日會，據稱受傷人數及名單已送浦西。

今日（即二十九日）上午十時，區長復飭巡官劉煥升會同抗日會職員及工頭胡老三，詳查具報後。復嗣據查報，該受傷工人等皆散在各碼頭做工，非至晚七時不能歸來等語。不得已俟至下午十時，始據劉巡官會同工頭胡老三查明當日受傷工人，計有蔣伯根、陳志遠、潘海山、李青山、黃明朝、沈平五、黃明生等七人。並經浦東醫院診治開具傷單一份，詳註受傷情形，轉送到區。復由區長查驗各受傷人傷勢，與傷單相符。聞尚有落水者數人，因皆係野雞工人，均無定所，且即時撈救，亦未受傷。理合將調查所得各受傷人姓名連同傷單一份，計三張，及受傷工人照片一張，一併備文續報。伏乞鑒核轉呈，予以嚴重抗議，以保主權，而平民憤等情。附呈傷單三張，及照片一紙，據此，查此案前據該區長呈報，業經轉呈在案，茲據前情，理合檢呈照片一紙，及傷單三紙，備文呈報，仰祈鑒核示遵，謹呈市長張。

計呈照片一張、傷單三紙。

公安局局長　陳希曾

蔣伯根等七人由抗日會送院驗傷，茲為分別鑑定於後：

（一）蔣伯根，年五十六歲，住花園石橋十六號門牌，常州人。

頭部挫傷三處表皮脫落。

左足部挫傷三處表皮脫落。

脈搏左八五、右八四。

體溫三七、二。

（二）陳志遠，年卅九歲，湖北人，住合德里九號。

背部槍托擊傷，表皮脫落，觸診時疼痛。

　　　　脈搏左七三、右七五。

　　　　體溫三六、五。

（三）潘海山，年卅二歲，住合德里卅六號。

　　　　右足背面槍托擊傷疼痛。

（四）李青山，年卅六歲，住海興路。

　　　　右面臀部被槍托擊傷疼痛。

　　　　左足背部槍托擊傷。

（五）黃明朝，年廿八歲，住瑞祥里十二號。

　　　　右手大拇指被槍托擊傷表皮脫落。

（六）沈平五，年五十歲，湖北人，住同福里七號。

　　　　左手關節處槍托擊傷腫脹疼痛。

（七）黃明生，年卅五歲，湖北人，住海興路洽興里
　　　　十三號。

　　　　右手上膊部槍托擊傷腫脹。

　　　　左足大腿部被槍托擊傷，青腫疼痛。

　　　　　　　　中華民國二十年十月廿九日　浦東醫院

　　　　　　　　　　　　鑑定醫師　顧文奎

抄上海市抗日救國會呈上海市長文

　　　　　　　　　　　　　　　　（原件日期不詳）

呈為日艦陸戰隊武裝登陸，強劫日貨，刺傷員工，懇請
俯賜鑒核，迅予提案抗議事：竊據會屬浦東檢查所會同
保管部報稱，職所於十月二十七日，據密報有申新紗廠
向日商購進大批日貨磁磚，當即派員出發檢查，將貨扣
留，因在深夜，小工無法召集。於今晨八時，全體至
棧，會同保管部督促進棧。不料正在進棧時，忽來華人

二名、日人兩名，前來強止上棧。職等答以須向總會接洽，詎其去後，即有大批日海軍陸戰隊武裝登陸，持槍衝鋒，將所有搬運，並將小工及看守檢查員用槍柄敲打，驅逐無遺。東昌碼頭及彭家弄等處佈防戒嚴，斷絕交通，一時人心惶惶。職等當即鎮定人心，一面報告公安局保衛團維持治安外，特將經過情形報請核辦等情。據此，即經屬會第十四次常會議決，呈請市政府速提抗議紀錄在案。理合將日兵肇事經過情形，備文呈報，仰祈鈞府鑒核，准予提出嚴重抗議，以重國權，實為公便，謹呈上海市市長張。

上海市抗日救國會執行委員會呈

常務委員：虞洽卿　王曉賴　王延松　陳霆銳　陶百川
　　　　　陸京士　褚慧僧　林康侯　傅　衛　方椒伯
　　　　　后大椿

抄上海市長致日本總領事函

民國廿年十月（原件日期不詳）

逕啟者，據報告：本月二十八日在本市轄境浦東方面，復有貴國武裝海軍兵士二十餘人登岸兇毆本國民眾情事，所受傷者有工人蔣伯根、陳志遠、潘海山、李青山、黃明朝、沈平五、黃明生等七人，並經浦東醫院診治開單，證明受傷情形。且當時尚有被逼落水，幸而撈救遂免於難者。查本市民眾運動，祇能受本國官廳之制裁，並非貴國當局所應直接干涉各節，疊經本市長向貴總領事剴切聲明，且經根據貴國海軍兵士以前錯誤之事實，嚴重抗議在案。乃越時未久，復屢有此種事件發

生，並加以本月二十八日之暴行，殊堪遺憾。據報前
情，相應再提嚴重之抗議，請煩查照，查明逞兇之水
兵，依法嚴辦，對於受傷各工人，從優撫卹及轉知貴國
駐滬海軍主管長官，嚴行約束所屬，不得再有同樣事件
之發生，並希見復為荷。此致日本國駐劄上海總領事村
井倉松。

市長　張羣

四　上海民間抗日情緒

上海市長張羣來電

民國廿年十月十五日

限即刻到。南京國民政府、蔣總司令、行政院鈞鑒、戴
院長季陶先生賜鑒、外交部勛鑒：密。（一）日艦天龍
今早回滬停泊楊樹浦。（二）浦東日紗廠職員報告，
因中日商人已斷絕往來賣買，所有存貨堆滿倉庫，各
日廠已預備至不得已時停工云云。關於日廠停工後工
人之安插問題，已與紗業聯合會預為商定辦法。（三）
今日滬市安謐無事。知注，謹聞，張羣叩，刪（十五
日）印。

上海市政府來電

民國廿一年一月十九日

分送：南京中央執行委員會、行政院鈞鑒：外交部勛
鑒：○密。據報本月巧日午後四時餘，本市江灣馬玉山
路，有日本山妙法寺和尚天崎啟昇、水上秀雄、後藤芳
平及玻璃商藤村國吉、黑岩淺次郎等，路經該處，被三

友實業社工人攢毆受傷甚重。經附近東華紗廠職員救出三人，昇入寧國路聖心病院求治，其藤村、黑岩兩人避入租界，投楊樹浦捕房。即由該捕房車送入福民醫院醫治，傷勢較輕等語。正核辦間，本日晨日本總領事來府提出嚴重抗議，除要求緝兇外，保留其他要求條件，當經令飭市公安局嚴緝兇手究辦，理合先行電陳，伏乞鑒察，上海市政府叩，皓（十九日）。

龍華淞滬警溝司令戴戟來電

民國廿一年一月廿日

急。南京國民政府、行政院、軍政部、外交部、參謀本部、衛戍司令長官鈞鑒：。密。（一）巧（十八日）申日僑被毆事件，刻由公安局派員會同日領調查，日領曾向市政府提出抗議，要求緝兇並保留其他條件。並謂日方對此事殊憤激，認我方無保僑能力，將出動陸戰隊等語，市府當即接受緝兇之請求，並聲明負責保僑，其餘則予嚴詞駁復。（二）本日日軍日艦尚無舉動。（三）據報：上海民眾反日會等團體組織一七後援會，要求市政府釋放反日市民大會逮捕之共犯，如要求不遂，將再開市民大會。（四）本日地方安謐，謹聞，職戴戟叩，皓（十九日）。

五　日軍迫華取締民間抗日組織

龍華戴戟來電

民國廿一年一月廿二日

限即到。南京國民政府、行政院、軍政部、參謀本部、外交部、衛戍司令長官鈞鑒：○密。據探報：軍警團辦事處轉據公安五區一所密報：馬（二十一）酉在一日人寓所見有該國第一先遣艦隊司令通報，現由吳軍港開出巡洋艦一艘、驅逐艦四艘，每艘載戰機二十架，聯合艦隊四艘，有（二十五）晨抵滬。各艦到後，即由日領向我市府抗議，立即取消抗日救國會。如不取消，海軍即登陸，會同陸戰隊，由空軍掩護，佔領上海等情。通飭各軍警注意戒備外，謹聞，職戴戟叩，養（二十二）辰參。

上海戴戟來電

民國廿年一月廿三日

急。南京國民政府、行政院、軍政部、參謀本部、外交部、衛戍司令長官鈞鑒：○密。（一）據報：本日各日文報紙均載有日僑及日艦隊司令之宣言，要求我政府立即制止抗日運動，並解散各抗日團體，否則自由行動。又字林報載：日艦隊司令致同樣性質之哀的美敦書於我市政府。（二）本日市府對號（廿日）日日人縱火及滋擾事件，提出正式抗議，日領尚無表示。（三）傳日派巡洋艦大井號一艘，飛機母艦貝呂號一艘，又驅逐艦四艘昨自吳軍港出發來滬。據海軍調查本日尚未到達。（四）據報：日僑決於漾（廿三日）開居留民大會，復

大舉暴動，並以陸戰隊為後繼，衝入華界，襲擊我政府機關。又號（廿）日死了之日僑一名，定明日舉葬，葬地在閘北寶興路東首。茲已通飭各軍警注意防範。（五）本日在閘北及虹口日僑居留地段，均發現日陸戰隊巡查班梭巡甚繁，聞各日本工廠及較大商店均已裝有無線電話。但截至現在尚未發生事故，謹聞，職戴戟叩，養（廿二日）酉參印。

上海市政府來電

民國廿一年一月廿八日

十萬急。南京。限即刻到。南京中央執行委員會鈞鑒：外交部勛鑒：密。本日已下令取銷本市各界抗日會。惟日領堅持非下令將凡有抗日字樣之各種團體一律解散不可，並口頭聲明限儉（廿八）日下午六時前圓滿答復。敬此，電陳鑒核示遵，上海市政府叩，感（廿七日）印。

上海市政府來電

民國廿一年一月廿八日

限即刻到。南京中央執行委員會、行政院鈞鑒：外交部勛鑒：密。本日下午一時四十五分，市府答覆日總領事抗議書，由俞秘書長親齎面遞。日領表示滿意，但催促切實履行。原文如下：「遄復者：案准一月二十日大函開：日本僧侶天崎、水上，信徒後藤、黑岩、藤村等五名，於本月十八日下午，在馬玉山路附近被毆傷，提出條件四項，請求接受等因。准此，查本案發生，殊屬不

幸，本市長深表歉仄。當日據報後，以案關傷害，法有明文，當即嚴令公安局限期緝兇歸案法辦。所有被害人等醫藥及撫慰金，本市長亦可酌為給予，以示體恤。至來函所提關於取締抗日運動一項，現查本市各界抗日救國委員會有越軌違法行為，業經令行主管局將該會取銷，以維法紀。關於類此之越軌違法行為，本市長仍當本法治精神，令行取締。至其他各抗日團體，並已令局予以取銷，相應函達，請煩查照為荷，此致日本國駐劄上海總領事村井倉松，市長吳鐵城。」事前並疊令飭市公安局取銷上海各界抗日救國委員會，及其他抗日團體矣，謹電上陳，伏乞鑒察，上海市政府叩，勘（廿八日）未一印。

第二節　日軍掀起一二八事件

一　日軍密謀攻上海

龍華蔡廷楷戴戟來電

民國廿一年一月廿四日

急。限即刻。南京行政院長孫、軍政部長何、參謀部長朱、衛戍司令長官鈞鑒：○密。據報，日本海軍及陸戰隊強迫我接受不能忍受之條件，並聞將取斷然處置。職等為國家人格計，如該寇來犯，決上海附近抵抗。即使犧牲全軍，亦非所顧。謹電奉聞，職蔡廷楷、戴戟叩，漾印。

龍華戴戟來電

民國廿一年一月廿三日

限即刻到。南京行政院、軍政部、參謀本部、衛戍司令長官鈞鑒：○密。據確報：日方派陸軍少將井上雄及其助手相內次郎在華運動軍隊，勾結中日流氓，密謀舉事。並以在京先燒日領事府及戕殺外國人，同時奪取獅子山砲臺，砲轟歐美各國軍艦。舉事後日方即供給經濟軍火暨偽製之蔣總司令關防與佈告，淆惑觀聽，以卸罪於我當局等情。除仍設法偵察防範外，理合電呈，敬祈轉飭注意防範為禱，職戴戟叩，養（廿二日）子參印。

龍華戴戟來電

民國廿一年一月廿四日

限即到。國民政府、行政院、軍政部、參謀本部、外交部、衛戍司令部長官鈞鑒：○密。（一）日飛機母艦能登呂號敬（廿四）已進口，現在上海日艦有敷設艦一、巡洋艦二、驅逐艦五、砲艦一、飛機母艦一，共十艘。（二）據本日各報載東京電訊，尚有大批日艦準備開滬，並有如我切實拒絕其解散抗日團體之要求，有佔領上海或其四週軍事機關之說，謹聞，職戴戟叩，敬午。

上海戴戟來電

民國廿一年一月廿五日

限即刻到。南京國民政府、行政院、軍政部、外交部、參謀本部、衛戍司令長官鈞鑒：密。據交通部國際電臺轉據美商代表密報，日本軍隊及浪人有於本晚進佔該臺真茹發報臺之企圖。日領初猶否認其事，經美領嚴重詰責，已承認有此計劃，但謂須視本日與市府談判情形再定實施與否等情。除已電飭七十八師嚴密警戒，並派得力部隊防範，並通知上海市政府外，謹電呈鑒核。職戴戟叩，有（廿五）未參。

二　一二八事件爆發

龍華戴戟來電

民國廿一年一月廿七日

急。衛略鈞鑒：密。（一）感（廿七日）午出口日巡洋艦平戶號一艘，駛入長江。（二）佐世保派來艦隊尚未

到達。（三）上海丸感（廿七日）未到滬，載有大木箱六只，正在駁運上岸，狀似飛機。（四）浦江日暉港附近泊有日本商船十餘艘，日海軍司令要求自行派艦保護，經我第一艦隊拒絕，現已由我海軍派民生艦，並由公安局派警察前往保護。（五）各地日僑似有集中模樣，本日自蘇州到來婦孺六、七十人。又吳淞日商華豐紗廠職員十餘人定儉（廿八）寅來滬。（六）日方在滬招收白俄，每名給日金三十元，聞將運往東北編練。（七）本日地方尚安謐，但人心頗恐慌，閘北居民遷移租界者甚多。謹聞，戴戟叩，感（廿七日）申參。

外交部駐滬辦事處陸鳴一來電

民國廿一年一月廿九日

急。南京外交部部、次長勛鑒：密。昨晚十一時半，日我兩軍在閘北寶興路等處步哨接觸，旋即發生巷戰，繼以大火。迄今晨九時槍聲尚密，特聞，辦事處陸鳴一叩。

上海趙錫恩來電

民國廿一年一月廿九日

急。外交部羅部長鈞任兄，並轉儒堂、少川、雨岩三委員勛鑒：〇密。敵人自昨晚開火，焚燒搶殺，遍及華界，哭聲震天，歐戰慘狀，竟現目前。租界之間亦已波及，若不速即制止，滬濱精萃，悉變焦土。務懇立電駐英美使館即向各該國接洽制止，一面商洽各國在滬商人即電各該國政府制裁。弟恩叩，艷（二十九）。

龍華戴戟來電

民國廿一年一月廿九日

萬急，限即到。衛略鈞鑒：密。我市府對日復文於本日
下午一時送出，本晚形勢稍見緩和，不意本晚十一時
二十分，日海軍司令突致通牒於我市政府及公安局，要
求我軍迅速撤退，意圖佔領上海。正在交涉中，十二時
二十分閘北虬江路方面，日軍復突以機關槍向我陣地掃
射，可見釁自彼開，自應由彼負責。除督率所部誓死抵
抗外，敬祈迅賜電調京滬、滬杭兩路友軍來滬增援，毋
任翹企。又，憲兵第六團於本日下午五時始到達，真茹
當時形勢嚴重，故未及即晚接防，合並附陳。職戴戟
叩，艷（廿九日）子參。

京滬衛戌司令公署電錄

民國廿一年一月廿九日

一、儉亥電開：頃接閘北張團長報告，閘北左翼及虬江
路均開火，我軍決意抵抗，等語。

二、艷子電開：我市府對日復文於本日下午一時送出，
本晚形勢稍覺和緩。不意於十一時二十分，日海軍司令
突致通牒於我市府及公安局，要求我軍迅速撤退，意圖
佔領上海，正在交涉中。十二時廿分，閘北虬江路方面
日軍復以機關槍向我射擊，可見釁自彼開，自應由彼負
責等語。

三、二十九日午前三時接龍華警部電話，云寶山路、
虬江路於本午二時發火，現未熄滅，閘北日軍現尚繼
續向我射擊。

四、二十九日午前三時以後，龍華方面不時與本署均有話電來往，均謂日仍猛烈向我射擊，我軍為防衛計，暫在閘北一帶誓死抵抗。

五、艷巳電開：我軍張君嵩仍在閘北一帶對峙，有敵機二十餘架向我拋擲炸彈，裝甲鐵車十餘輛向我攻擊，戰鬥頗劇。除促吳市長向各國領事請主持公道外，謹聞等語。

六、巳時以後，日軍總是向我猛烈攻擊，我軍為自衛計，均在閘北之線抵抗。

龍華戴司令儉申電如下：

1. 儉申參電開：（一）日陸戰隊隊部附近，午後警戒更加嚴重。配有鐵甲車五輛、砲二門、摩托車卅餘輛，每輛機關槍乙挺，有進攻模樣。（二）本日共進口日巡洋艦乙，驅逐艦十二，但下午有驅逐艦捕風號出口，泊三夾水。又有飛機母艦能登呂號出口向南洋方面駛去。（三）午後續有陸戰隊六百名登陸。（四）公共租界本日宣佈戒嚴，並有英軍出動佈防，法租界防範亦嚴（五）為共黨操縱之反日會定今晚號召失業工人包圍市府，反對解散抗日會。又該會原定今日召集市民大會未成，定明日午再開。謹聞等因。

2. 儉亥參電開：頃據閘北張團長報告，閘北左翼及虬江路均開火，我軍決意抵抗。謹聞等因。

3. 儉亥參電開：頃日海軍艦隊司令鹽澤致函市政府及公安局，略由謂：閘北方面日僑甚多，指我軍警有對敵行為，要求我軍即行退出等語。除令商吳市長籌

議應付，並飭軍警妥為戒備外，似此無理要求，應
如何駁斥或處置之處，敬祈迅賜電示祗遵等因。

4. 艷子參電開：我市府對日復文於本日下午一時送出，
本晚形勢稍覺和緩。不意本晚十一時廿分，日海軍
司令突致通牒於我市府及公安局，要求我軍迅速撤
退，意圖佔領上海，正在交涉中。十二時廿分閘北
虹江路方面，日軍復以機關槍向我陣地射擊。可見
釁自彼開，自應由彼負責。除督所部誓死抵抗外，
敬祈迅賜電調京滬、滬杭兩路友軍來滬增援，毋任
翹企。又，憲兵第六團於本日下午五時始到達真
茹，當時形勢嚴重，故未及即晚接防，合併陳聞等
因。

5. 艷丑參電開：迭電陳報日軍進攻情形，計達鈞鑒。茲
為確實起見，謹自艷日起在浙滬警備區內正式宣佈
戒嚴。除佈告外，理合電陳等因。

上海市長吳鐵城來電

民國廿一年一月卅一日

限卅分鐘到。南京外交部勛鑒：密。日軍進攻閘北，屢
藉口得滬上各國防軍司令諒解，及宣稱係由各國司令所
組織之防務會議所議定計劃。查閘北係屬華界，各國無
權支配，昨電已詳。今日在英領官舍集議時，經我方質
問後，日領在英美領事前承認侵入華界，並非防務會議
之原意，乃係日方因保護僑民自由行動，一切自當負責
云云。其蓄意侵略，毫無依據可知。請電顏代表向國聯
陳述為荷，吳鐵城叩，世印。

外交部駐滬辦事處來電

民國廿一年一月卅一日

急。南京外交部鈞鑒：卅電悉，日代表聲稱完全無理，
閘北為中國土地，無論何國，非得中國允許，絕對無派
兵入駐之權，日海軍陸戰隊即與其他外國臨時司令官諒
解，亦祇可在公共租界施行警備，何能侵入我軍防境，
顯係日人欺國聯不諳上海情形，希圖瞞騙，自應電復顏
代表加以駁斥。詳情託上海市府俞秘書長報告，並聞。
駐滬辦事處，卅亥。

龍華淞滬警備司令部參謀處來電

民國廿一年一月卅一日

銜略。儉晚日軍突向我軍挑釁，業經電陳在案。我軍為
正當防衛，接電至陷晚止。敵軍猛力衝出數十次，並用
飛機轟炸，毀損街市，我軍奮力抵抗，敵卒不得逞。是
役俘獲鐵甲車四輛，擊落敵飛一架，斃敵千餘。我軍亦
傷亡兩百餘，茲徇英、美領事之調停，暫行息戰，並談
判中。謹電奉聞。淞滬警備司令部參謀處，世式印。

上海市政府來電

民國廿一年二月三日

限即刻到，銜略。密。本日下午二時五十分，接日總
領事署電話，通知謂。世（卅一）日在英領官邸擬議
日軍退入租界範圍所讓出之越界築路及附近地帶，交
由英、美軍暫時維持之辦法，日本政府不能同意等
語。但日領未通告本府前，在滬日軍已向我軍進攻，

現在劇戰。查當日原議如日方答復不能同意時，我日尚須請示政府，雙方仍停戰以待，相約彼不犯我，我不犯彼，此為英、美總領事等當場所決定，並有紀錄可憑。今日方毫不假以時機，背信蔑約，應提抗議。除逕知英、美總領事請其轉電各該國政府外，謹電馳聞。上海市政府叩，冬申。

上海市政府來電

民國廿一年二月四日

南京中央執行委員會鈞鑒：何部長、羅部長勛鑒：國民政府行政院並轉蔣主席鈞鑒。冬申電計達。密。日軍於本日下午一時卅分許向我軍猛攻，並用飛機二架翔空轟炸，我軍竭力抵抗，直至下午六時卅分許，方全停息。此次日方違背信義，重行開釁，所有因此發生之一切損害，應完全由日方負責，業已向日領提出抗議，及通告各國領事團主持公道矣。謹電續聞，上海市政府叩，東（一日）。

致日本公使照會

民國廿一年二月四日

為照會事。據上海市政府二日電稱：本日下午二時五十分，接日總領事署電話通知，謂上月三十一日在英領官邸擬議日軍進入租界範圍所讓出之越界築路及附近地帶，交由英、美軍暫時維持之辦法，日本政府不能同意等語。但日領未通告本府前，在滬日軍已向中國軍隊進攻。查當日原議如日方答復不能同意時，雙方尚須請示

政府，仍停戰以待，相約彼不犯我，我不犯彼，此為英、美總領事等當場所決定，並有紀錄可憑。又三日下午七時半，據吳淞要塞司令電告，今晨日軍艦先開砲擊本要塞為自衛而還擊。自上午十時零五分起抵抗二小時。午時，日本爆擊機三架，戰鬥機九架，經南北炮臺，拋擲炸彈後，三架飛長江，六架飛上海。日艦又向我白龍港攻擊等語。查上海日領於二日日軍已向中國軍隊進攻以後，始向市政府電話通知，日本政府對於上月三十一日在英領事署所議辦法不能同意云云，已不合法。況當日原議如日方答復不能同意時，雙方當須請示政府，仍停戰以待，有紀錄可憑。乃日軍不獨於二日在滬進攻，日軍艦並於三日晨向中國吳淞要塞及白龍港炮擊。又用爆擊機、戰鬥機多架拋擲炸彈。似此違約背信，故意擴大事變，實屬蔑視國際公法、國際公約及國聯迭次議決案。所有因此發生一切責任，應由日方完全擔負。相應提出嚴重抗議，照請貴公使迅電貴國政府立予制止在滬日軍及日本海軍停止一切不法行動。並希查照從速辦理，見復為荷。須至照會者。

外交部情報司長張似旭自上海來電

民國廿一年二月十六日

南京外交部羅部長鈞鑒：茲據報告，日島團長植田發表談話稱云：彼方希望滬事迅速和平解決，故暫停攻擊行動，擬向我軍發一要求撤退哀的美敦書。並給相當餘裕時間，以資我軍撤退，否則以實力對待。窺其用意，似為緩兵計，以便完畢彼方攻擊準備。楊樹浦周家嘴東之

敵方飛機倉庫，藏有各種炸彈甚多，飛機約五十餘架，至張華濱鐵路碼頭飛機場計有驅逐機、轟炸機各九架。日本新到陸軍於前晚與我軍小戰一夜。據我軍經驗者談，此次陸軍尚不及陸戰隊之強，我軍心並不以日軍增多而受影響，當繼續抵抗。日軍有重砲百尊，大號坦克車計十五具。現以馬五百匹分別運重炮五十餘尊於軍工路蘊藻濱一帶。聞英、美、法三使正在此秘密開會，有所討論。再昨晨六時左右，停泊吳淞砲臺之日艦力以大砲向吳淞鎮炮臺灣一帶射擊。中國公學之寄宿舍及圖書室等全被轟毀無餘，淞鎮之房屋被中四彈，二彈爆發，即時火起，燃燒至午后六時，猶未熄滅。且敵艦在前，無法撲滅，該鎮全部房屋均將付之灰燼。我方並未還擊，日方以我無動靜，仍繼續開砲，並藉商船三艘，滿載敵軍，冀藉砲火之掩護泊近炮臺灣之沙灘，圖於該處登岸。但濱江灘上防禦工程堅強，極不易登，遂被我軍以機槍掃射，無一生還。嗣敵軍第二次來攻，並有飛機十架掩護作戰，轟擊至烈，至十一時許，仍被我軍擊潰而退。總計昨日敵艦所發之砲約在一百發以上。除吳淞鎮爆發外，餘均未炸裂。敵機投彈亦未生效果。是役敵死傷二百餘人。下午二時起，吳淞日艦七艘又開炮向吳淞轟擊，並有飛機十一架同時不絕擲彈，勢如雨下，我方高射砲還擊亦極猛烈。至薄暮五時許，飛機即遁回停泊於三夾水洋面之航空母艦上。日艦砲聲同時亦漸止。此三小時之砲擊中，計達一百餘發，飛機投彈四、五十枚。事關軍情，特電奉聞。情報司司長張似旭叩，銑（十六日）。

上海張似旭來電

民國廿一年三月一日

南京外交部羅部長鈞鑒：○密。據報：昨日上午起，八字橋一帶有激烈戰事。敵機數十架助戰，肉搏十餘次，仍在戰爭中。昨晨日方援軍第十一師團已到。續有第十四師團兵士開到。又聞：日方認上海作戰及集中上海之軍隊，係中國最精銳之軍隊，有乘此機會消滅我軍之計劃。彼方認為一經消滅，我方即無抵抗能力，而我國政府至此非屈服不可。同時又可次第破壞沿長江各口岸之軍事防禦物，隔絕中國南北兩部聯絡，俟長江南部完全入彼勢力以後，再進而往天津消滅張學良勢力云。特聞，張似旭叩，先（一日）。

上海市長吳鐵城來電

民國廿一年三月十一日

銜略勛鑒；密。據日本官方所傳，日方鑒於我國積極準備抵抗，知和平絕望，已決用武力解決。其軍事計劃，即欲佔領所謂吳越平原。按吳越平原即北以揚子江為界，南迄錢塘江止，西沿京杭省道，東至東海間之三角形平原。日本將以陸軍二十萬人守京杭省道，並以軍艦密佈長江及錢塘江江面，使我軍不得渡江襲擊。至長江以北及南京以西之長江上流一帶，以無險可扼，需兵力極大，故無侵佔之意。至杭州以西及錢塘江南岸，崇山峻嶺，不易攻取，故以杭州及錢塘江為界。陸軍防禦計畫，業由白川大將擬就，而海軍方面，以在滬野村少將資望稍差，故特派安保大將，即前海軍大臣，來滬設計

一切。日方之意，以為吳越平原係中國經濟之中心，如能佔領一年，中國經濟必致破產，可直接影響政治，而使我國當局屈服。又據上海日本商工會議秘書長某氏言：日方悉杭州方面久在軍隊調動甚忙，故不日將調金澤第九師團（昨由南翔前線調回後方者）向滬杭路出動云。謹聞，上海市市長吳鐵城叩，真（十一日）酉。

三　日軍在滬的暴行

上海市政府來電

民國廿一年二月四日

衛略勘鑒：。密。日軍攻擊我軍，以租界為根據地，經已向公共租界工部局提出抗議。連日日軍武裝通過租界，開赴滬西及其他地方，增重我軍之顧慮，茲又向提出嚴重抗議，請速嚴加制止。又，日海軍陸戰隊在公共租界一部暨越界築路地段，以及閘北其他地點，將中國市民橫加逮捕，不經審判手續，擅處私刑，或加殺戮。據報至今受非法監禁者尚有數百人。似此違反人道及國際公法，亦經向日總領事提出嚴重抗議，請轉知日艦司令，迅將市民釋放，並懲處傷害市民之兇犯，以重人道法紀等語。合電呈報再聞，滬西日華紗廠一帶，日軍受英、美勸告，業經撤退，並聞。上海市政府叩，江戌。

上海市政府來電

民國廿一年二月五日

衛略勘鑒：密。據五日報載消息，四日敵軍向閘北我軍開砲，終日不止。下午三時許，砲火最烈。閘北青

雲路、寶興路、寶通路、新疆路等處，民房因日飛機拋擲燃燒彈悉被焚燒，持志學院中學部亦被日軍縱火燒去。並將門警暨男女茶役十餘人擊斃。日方以此間實力薄弱，決加派陸軍一師應援，已由內閣核准，即將出發來滬，本市領團為維護租界安全起見，經於四日上午召集緊急會議，議決即向日領提出嚴重抗議。日方鑒於各方態度險惡，已自四日晨起在其所侵占之虹口區域逐漸為相當之撤防，特電奉聞。上海市政府叩，微（五日）辰

致日本公使照會

民國廿一年二月五日

為照會事。據上海市政府電稱；日海軍陸戰隊在公共租界一部暨越界築路地段，以及閘北其他地點，將中國市民橫加逮捕，擅處私刑，或加殺戮。據報至今受非法監禁者尚有數百人等語。查日本海軍陸戰隊擅捕中國市民，加以殺戮或處私刑。現被禁者尚有數百人之多。不獨蔑視國際公法，抑且違反人道。相應提出嚴重抗議。照請貴公使迅令日艦司令將非法被捕市民釋放，並懲處傷害該市民等之兇犯。並希查照，從速辦理見復為荷，須至照會者。

日本公使來照

民國廿一年二月十二日

為照復事。接准本月五日來照，以據上海市政府電稱：日本陸戰隊，在公共租界之一部，暨越界築路地段，以

及閘北其他地點，逮捕中國市民，處以私刑，或加殺
戮，現被監禁者有數百人等語。查此案不獨蔑視國際公
法，抑且違反人道，相應提出嚴重抗議等因。業經閱
悉，查來照所指事實，敝使館認為不特毫無根據，且曲
解情形，強為華軍辯護，乃欲以其責任轉嫁日方也。日
本陸戰隊對於貴國正式軍隊及便衣隊以外之人，並無加
以任何攻擊。貴部長所指逮捕一般市民，或係誤認我方
對於便衣隊之處置。查便衣隊以擾亂後方為目的，其行
為異常野蠻殘酷，屢施之於貴國之內戰，此次在正式軍
隊衝突以前，便衣隊已在公共租界內外之日人居住區域
開始活動。著居民常服，隱於民家，或喬裝行人，狙擊
日本陸戰隊人員，並向一般日僑會集之處襲擊，致有多
數死傷。居民之和平生活，受其威脅，為正當防衛計，
予以還擊，自屬當然之事。蓋此種犯罪，在國際法上，
原屬於重大軍事罪犯，現行犯則就地槍決，嫌疑者經逮
捕審訊之後，察其各有犯罪行為，情輕者令其宣誓，然
後釋放，情罪重而有再犯之虞者，為豫防起見，暫予拘
留。此為自衛上絕對必要，毫無論議不法之餘地也。
貴國軍隊，使便衣隊在交通頻繁之街市，從事戰鬥殺傷
之行為，其不顧無辜市民生命危險之卑怯行動，固為人
道所不容，抑於國際法亦有違反，日本陸戰隊出於正當
防衛，為當然之舉，關於便衣隊之一切責任，應由貴方
負之。至日本陸戰隊，對於狙擊該隊人員或僑民，暨在
租界及其附近地點，造成恐怖之狀態者，除當場即予以
還擊外，其由搜查彼等所佔據之民房，而發現非現行犯
之便衣隊，非以武器抵抗者，均不予還擊。對於此輩，

雖暫為拘留，但如何處分則聽憑上海公共租界官員辦
理。二月六日已將拘留之全部六十五名，移交公共租界
官員矣。按上述情形，足見日本陸戰隊對便衣隊表示儘
量寬容之態度。來照所指各節，全非事實也。相應照復
貴部查照為荷，須至照會者。國民政府外交部長羅。

日本帝國特命全權公使　重光葵

昭和七年二月十二日

致日本公使照會

民國廿一年二月廿日

為照會事。上海事件，由於日本軍隊攻擊中國軍隊，故
意擴大事態，違反國際公法、國際公約。蔑視國聯迭次
決議案。所有因此發生一切責任，應由日本方面擔負，
迭經本部照達在案。茲查一月二十八日以來，日本軍隊
先向中國軍隊用機關槍施以襲擊。連日繼續以爆擊機、
戰鬥機拋擲炸彈、硫磺彈。又用重砲轟擊，以致閘北、
真茹、吳淞等地慘遭大火，居民死傷極多，文化機關如
商務印書館、東方圖書館、持志學院、中國公學等，交
通機關如京滬鐵路之北車站辦公大樓、行李房、上北
貨棧、煤棧、機廠、電線、路軌、機車、貨車、客車多
被炸燬。其各該地行政機關、商店、工廠、民房均被炸
燒成為灰燼。日本浪人又在北四川路一帶縱火焚燒房
屋，禁止撲滅，同時多數中國人民被日本軍隊或浪人殺
傷、禁閉或施以種種虐待，實屬不法已極。總之，中國
方面生命財產，因此次上海事變所受之一切損害，均
應由貴國負責。茲特鄭重保留一切要求之權。除俟詳

加調查再提具體要求外，相應照會貴公使，即希查照
為荷，須至照會者。

龍華戴戟來電

民國廿一年二月廿五日

急。南京軍政部、外交部、衛戍長官鈞鑒：密。據本部
醫務所主任吳宗慶報告：據紅十字會總辦事處委員聲
稱：該會第一醫院有第六十師一百二十旅三營九連傷兵
李芳輝，於二月五日在前線受敵方達姆彈傷腹部，進口
一生的米達，業經該院奧籍醫生布米美證明。並由該會
電告萬國紅十字會轉報國聯。茲檢同該項達姆彈彈片一
片，及該李芳輝腸部受傷照片一張報告鑒核等情。除將
原彈片及照片函送上海市政府向各國宣告外，謹聞。職
戴戟叩，有（廿五）。

四　中國為日軍利用租界事照會各國

致英美公使照會

民國廿一年二月五日

為照會事。據上海市政府三日電稱：日軍攻擊中國軍隊
仍以租界為根據地，連日日軍武裝通過租界，開赴滬西
及其他地方，增重我軍之顧慮，已向公共租界工部局提
出抗議等語。查公共租界方面聽任日本憑藉該租界作軍
事行動之根據地，業經本部於一月卅一日照請迅電貴國
駐滬領事及軍事長官，勿再任日軍利用租界地作攻擊中
國管轄之區域在案。乃據上述三日報告，該公共租界當
局仍任日軍日武裝通過租界，開赴滬西等地，增重國軍

隊之顧慮,殊屬不合。相應再行照請貴公使迅即查照一月卅一日去照。嚴予辦理並見復為荷,須至照會者。

致英美公使照會

民國廿一年二月六日

為照會事。關於上海公共租界方面,聽任日本憑藉該租界作軍事行動之根據地事,業經本部於一月三十一日、本月五日照請迅即制止在案。查公共租界聽任日軍利用該租界為軍事根據地,中國方面所受影響極鉅。茲再鄭重聲請貴公使立電貴國駐滬領事及軍事長官,不得以租界庇護日軍,並嚴屬制止日軍不得以租界為根據地攻擊中國軍隊。否則租界因此發生事故,中國方面不負責任。相應照會,即希查照迅予辦理並見復為荷,須至照會者。

致法公使照會

民國廿一年二月十五日

為照會事。關於上海公共租界方面聽任日本利用該租界為軍事根據地事,業經本部於一月三十一日照請制止迄未准復。乃據報告,日軍一萬數千名於十四日晨在公共租界內各碼頭上岸,另有大批日軍於十五日可到,足證日本政府蔑視公共秩序之地位。而公共租界方面仍以該租界庇護日軍,任其以租界為根據地,攻擊中國軍隊。中國政府茲特再鄭重聲明,如因上海日軍繼續攻擊中國管轄區域,中國軍隊實行正當防衛,致租界內發生生命財產之損失時,中國政府不負任何責任。除照會英、美

兩國公使外，相應提出嚴重抗議。照請貴公使查照本部
一月三十一日去照，從速嚴予制止日軍以該租界為根據
地攻擊中國軍隊，並禁止日軍再在該租界碼頭上岸，免
滋糾紛，並盼見復為荷，須至照會者。

致英美公使照會

民國廿一年二月廿五日

為照會事。頃據報告：關於傳稱中國軍隊砲擊公共租界
內各地點一事，貴國駐滬總領事連同其他各國領館長官
向本國地方當局提出抗議。

查中國政府對於公共租界內居民之安全因此所受之危
險，雖誠為惋惜，但無論所稱之砲擊來自日方抑或來自
本國方面，本部長有不能不鄭重聲明者，即此種狀態本
國殊難負責。

本國政府業經迭次指明，日本軍隊完全不顧公共租界特
殊之地位，而以該租界為根據地點，俾軍隊得以登陸向
本國管轄地帶內之本國無辜市民及軍隊肆行不當之攻
擊，本國政府對於此種侵略行為，即不得不予抵抗，以
維護國家之榮譽與生命，則因此種抵抗對於公共租界所
發生之一切損害，其責任應由大半賴公共租界其侵略行
為發動地點之方面負之，此節業經本國當局向有關係國
通告在案。

中國政府現據報告，近數日來又有日本軍隊開抵上海，
並再有多數援軍正自日本開拔，本部長茲特請貴公使、
代辦立即採取必要步驟，防止日軍在公共租界登陸，並
利用該租界為軍事行為之根據地點。

本部長並請貴公使、代辦用最有效之方法，使公共租界現在之狀態不致仍然存在。誠以公共租界附近流血之爭鬥，該項狀態實使之然也。所熱切希望者，即公共租界當局勿再使日軍繼續利用該租界以違反國際公法，及人道之罪惡也。相應照會貴公使、代辦查照辦理為荷，須至照會者。

上海市政府來電

民國二十一年二月廿四日

衙略鈞鑒：本日致各國領事公函文曰：查關於日本軍隊利用租界區域為攻擊中國軍隊之根據地一點，迭經本市長函達貴總領事並其他各國總領事提出嚴重抗議在案。乃迄今租界當局雖有願意維持中立之表示，但仍未聞採取任何有效辦法，以制止日本軍隊之破壞租界中立，危害中外人民生命財產之行為。連日以來，日本援軍之屢在租界當局優容之下，由虹口登陸，為攻擊中國軍隊之根據。甚至日本旗艦亦繼續停泊虹口附近，利用租界之掩護，發號施令，以攻擊我國軍民。雖明知各國船舶及其他產業必因此而蒙軍事之影響，亦所不恤。本市長暨本國軍事當局對於租界內中外人民生命財產之安全，本極關懷，惟處此情形之下，本市長不得不重提抗議及嚴重聲明，所有關於租界當局不能制止日本軍隊，利用租界區域為攻擊中國之根據地，所發生之一切結果，本國政府概不負任何責任。再為安全計，本市長請貴總領事通飭住居於戰區附近或日軍駐在地附近之貴國僑民，設法遷避，及轉知貴國海軍當局，勿將軍艦及其他船舶停

泊於日軍根據地附近為荷。相應函達查照等語，謹電奉
陳，上海市政府叩，敬廿四日。

致德國公使節略

民國二十一年二月廿七日

本月二十七日接准貴館第三五七又三二號節略開：因
中日糾紛如所行之軍事行為，或與糾紛相關之處置及
其疏忽所生之事故，凡德僑生命財產有已受或將受傷
害或損失，及其他之德國權利有已受或將受侵害之
處，德國政府根據國際公法原則，有保留向中國政府
及日本政府要求賠償損失之權等因。當經本部電達上
海吳市長、蔡軍長。對於上海貴國領事館及僑民生命
財產極力保護，惟須聲明者，現日軍利用公共租界為
軍事根據地，疊經本部抗議無效。倘於敵方緊急侵害
不得不採取正當防衛時，則我方亦無法負責。相應略
復貴館，即希查照為荷。

致法國公使節略

民國廿一年二月廿七日

據報告：近有日軍數千，於夜間登岸，潛伏在辣斐德
路、金神父路、祁齊路等處日人住宅等語。查日軍利用
公共租界為根據地，攻擊中國軍隊，租界當局不加制
止，致釀成此項重大之事件。現日本增派大批援軍來
滬，並有企圖由租界衝入滬西，抄襲華軍右側之傳說。
茲法國租界若竟優容多數日軍在界內各處潛伏，實與日
軍以抄襲滬西之便利。其結果將使事變範圍益趨擴大，

用特請貴公使轉飭駐滬領事及法租界當局嚴重注意，迅將此項潛伏界內之日軍立予驅逐。嗣後務須嚴密防範，勿使潛入，免肇禍端，並希見復為荷。

五　藍浦森及克雷調停經過

上海吳鐵城來電

民國廿一年二月一日

限卅分鐘到。南京何部長敬之兄，羅部長鈞任兄勛鑒：密。今日英、美總領事在官舍約中日當局磋商避免戰禍方法。我方到者，有弟及區師長壽年；日方到有鹽澤海軍司令官，村井總領事。英、美防軍司令暨工部局總董均在座。最初擬議由日方退回原防，退出之地段暫由各中立國軍隊警備，作為緩衝，以待解決。我方軍隊退至離中立國軍隊二千米突之點，但厥後由英防軍司令提議，日軍應退至租界線內，退出區域暫由中立軍隊駐防，一切待外交方法解決。同時我軍亦撤退至相當距離。但日方反對後，卒議定由日領電彼政府請示，以三日為期。目下雙方各不相攻，英、美態度雖尚公允，而日方恐無誠意。謹此電陳，弟吳鐵城叩，世（三十一日）戌。

上海顧維鈞來電

民國廿一年二月六日

南京外交部羅部長鈞任兄勛鑒：密。微兩電敬悉，昨日外會開談話會情形，復初兄諒已詳陳。今日英海軍提督向宋子文兄提出滬北中日軍隊撤退新辦法，深望吾方接

受，特開外會討論。僉以吾國即已接受列強調停辦法，應堅持將中日問題乘機謀一總解決，滬案雖頗重要，不宜分開單獨解決。經議決本此意旨，由蔣總指揮，郭次長明日接見英提督，斟酌答復，詳情由復初兄另電。此間各界領袖多半希望滬案先了，免致延擱。經連日分頭疏解，尚未能一致。再聞兄有渡江之訊，何日同寧，盼示復。弟維鈞，魚（六日）。

外交部長郭泰祺自上海來電

民國廿一年二月七日發

限即刻到。南京外交部羅部長，並轉汪院長鈞鑒：密。昨晨英海軍提督克萊訪宋部長，提出中日停戰及劃定和平區域辦法，並表示願與弟接談。外委會在滬之委員遂於昨日午後開會討論，到蔣、張、顧、顧、王、孔、吳、宋及弟等九人，蔣總指揮光鼐列席，決議英海軍司令所提辦法，係與四國提案之第三、第四兩項有關，自可從長討論，惟四國提案之第二、第五兩項應有切實保證，俾可求其實現。弟依據以上決議，今晨與英海軍提督克萊接談，子文、少川、鐵城、蔣憬然及英總領事均在座。克萊注重上海租界安全，欲謀上海問題之局部解決。弟堅持上海問題為中日間整個問題之一部分，須照四國提案辦理。厥後彼提出具體辦法，為日軍撤回一月二十八日原防，退出之區域，由第三國軍隊駐防。中國軍隊亦退至相當地段，所退出之區域，由第三國軍隊及我國警察協防，同時聲明：吳淞及其他方面均當停戰。弟答以，仍當認為係解決中日間各項問題之第一步驟等

語。今日下午聞外交委員會討論答復英海軍司令之態度
議決如下：中國方面以為，仍應依照一月卅一日下午在
英領館官舍會議時防務會議所提出之辦法辦理。惟為謀
避免再有衝突及尊重英海軍司令意見，認為對彼提議在
原則上可以贊同，但同時須由中日及其他有關係國代表
即日開一會。祺，虞。

上海郭泰祺來電

民國廿一年二月八日

南京外交部羅部長，並轉汪院長鈞鑒：密。虞電計達，
此次英提督克萊毅然出任調解，所提辦法我方雖不甚滿
意，然未便遽爾拒絕，致失同情，故有昨日下午外委會
之決議，一面在原則上贊同其提議，一面要求立即由中
日及其他有關係國外交代表開一會議，討論中日間所有
各項問題，以謀整個解決之途徑。經弟昨晚面復克萊，
彼甚表滿意。惟英總領事則謂此即四國提案之第五條，
日本業已拒絕，恐辦不通。弟謂中國既經完全接受四國
提案，自應依照整個提案進行，不能採取與提案有抵觸
之步驟，英領遂亦無言。弟因即提議滬事及其關聯問
題，應即由日本及各國公使與我國外交當局商議，意在
避免局部化。英領謂彼已電請英使來滬，克萊自願於今
晨偕英領訪晤重光，結果如何，容續陳。惟日本海陸援
軍連日到滬，已決心大舉向吳淞、閘北同時進攻，刻正
砲聲隆隆，約每分鐘一發，停戰能否實現，實一大疑
問。再：連日外交情形，均經弟向哲生兄隨時報告，
彼對現所取之外交方針及步驟，均表贊同。昨晚曾向

之提議，請其參加外委會會議，彼薦舉陳友仁，弟意
最好請中央加推孫、陳兩人為外委會委員，俾得共同
負責。祺叩，齊（八日）午。

上海郭泰祺來電

民國廿一年二月九日

限即刻到。南京外交部羅部長，並轉汪院長鈞鑒：密。
齊（八日）午電計達，頃接英總領事電話，據云：今晨
偕英提督克萊訪晤日使重光，提出停戰辦法及轉達我國
意見。重光當即拒絕，並云：中國軍隊須撤退自十五至
二十英里，方可停戰。似此實無調停餘地，彼等無能為
力云云。特聞，祺叩，齊申。

上海吳鐵城來電

民國廿一年二月十日

限即刻到。南京何部長敬之兄、羅部長鈞任兄、陳部
長真如兄勛鑒：密。路透社華盛頓九日電稱：美國國
務卿八日由大西洋電話與現在日內瓦英外相談話，結
果彼此同意非俟時局有新展，使日本比較能接受調停
時，英、美兩國不再提出關於中日問題下任何和平方
策。又該社華盛頓十日電云：美國眾議院之外務委員
會因國務卿之緊急建議，已將禁止運輸械彈與交戰國
之決議案擱置云云。謹電，並乞轉陳汪先生為禱，弟
吳鐵城叩，蒸（十日）申印。

上海顧維鈞來電

民國廿一年二月十三日

特急。南京外交部羅部長鈞任兄勛鑒：密。真戌電敬悉，當即分轉。今晚宋、吳、郭與弟四人先見藍使，據云船過吳淞，目睹日艦砲攻，形勢嚴厲，華軍抵抗以來，成績甚佳。但日方援軍源源而來，意在大舉，終非華軍之福，亟宜適可而止。渠未奉政府訓令，祇能以友人資格從事調停，並須守秘密。至具體辦法，以為華軍應自動先退出上海市所管轄之區域，然後所有淞滬日軍可退至一九三一年十二月卅一日所有之界線。即公共租界及虹口一帶。雙方讓出之區域內，行政與警察權仍由中國行使。至保證日軍不侵入華軍讓出之區域一節，當另籌中日雙方所能同意之辦法。此種建議，專為實行停戰，以待國聯調查團之來滬調查報告國聯，以謀解決。並可因此使滿洲問題與上海問題歸同一委員團調查，俾隱示聯帶關係。弟等均以所提辦法與吾方所希望者大相逕庭，遷讓區域縱橫須十餘英里，實難承認，故略請說明後，答以容與同人詳細研究後再行答復。旋又晤美使，亦以日軍欲挽回體面，意在用全力追逐華軍，中國應及早好自為謀，渠未能提出任何具體辦法，但擬與英、法、日使商談，如能為力，深願以友人資格效勞。再，鐵城兄見法使所談大致與英使相同，諒已另電詳達矣。頃與各同人商議，以英使所提辦法未免偏袒日方，均主婉詞拒絕，另籌對案。知注先聞，餘容續達，弟維鈞。

上海顧維鈞來電

民國廿一年二月十六日

限即刻到。南京外交部羅部長勛鑒：○密。銑申電計
達，頃藍使來謂，已晤重光，據云：日方對伊提議雙方
軍事長官晤面，以雙方撤兵為原則商談一節，並不反
對，惟地點以中日文化協會為宜。日方由參謀長出席，
擬將日方意見詳細說明，華方最好由十九路總指揮出
席，或由參謀長代表亦可。並云：見面時間以星期四晨
為便。藍使詢以是否須請示東京，日使謂無須請示，但
不能不通知，一面如華方同意，可準備進行。至即刻停
戰一層，日使謂華方不射擊，日軍亦不射擊。此間宋、
孔、吳、郭等均以為妥，一面因英使亟欲知吾方意見，
僉謂應先非正式答以所提均可贊同。究竟是否可行，請
火速電示遵行。餘續達，弟維鈞，銑酉。

上海顧維鈞來電

民國廿一年二月二十九日

限即刻到。南京外交部羅部長鈞任兄勛鑒：密。艷廿二
號電計達，頃約克雷來晤，告以接政府復電，對昨晚所
商辦法，認為雙方意見相去不遠，可以贊成，作為正式
代表討論之基礎，計共五點：（一）雙方同時撤退。
（二）吳淞或獅子林等砲臺永久不設軍備一層，不得有
所要求。（三）中日合組委員會，由中立國視察員參
加，監視雙方撤兵。（四）撤退區域仍由中國當局行使
職權，並由中國警察執行警務。（五）華軍撤退至真
茹，日軍撤退至租界及越界築路以內，然後華軍撤至南

翔，日軍撤至輪船。克雷謂前四點均已同意，第五點撤
船一節，日方並未同意。弟謂如日軍不登船回國，不免
有脅迫之意，彼謂華軍駐南翔日方亦可視為脅迫，渠意
此層不必堅持。弟以其面有難色，故謂此層可留待正式
會議時討論，渠表示滿意。弟又提保證日軍不侵佔撤退
區域一層，渠謂：藍使已向兄說明，任何國政府不能擔
任此項保證，且事屬公開，為全世界所共覩、共聞，又
由中立人居間，日方決不能失信。弟又謂吾方商議停戰
完全誠意，且為表示誠意起見，準備即日停戰，如日不
來攻，吾不射擊，故託其向日要求亦作誠意之表示，即
日停止一切軍事行動，勿必待會商後行之。克雷謂此是
合理辦法，以免雙方無謂之犧牲，弟謂吾方現準備參加
正式會議，如日方由重光與植田司令列席，吾方即由外
交部次長及蔣總指揮酌帶秘書翻譯列席。惟仍希望第三
者參加，俾遂有爭點，得隨時調解。渠意最好由中日直
接商議，否則在英艦或美艦舉行，可由海軍司令以地主
名義參加，較易辦到，弟贊成仍在英船舉行。既由克雷
往晤日方代表，接洽一切，得訊容再續聞。弟維鈞叩，
艷二十三印。

上海郭泰祺來電

民國廿一年三月二日

萬急，南京外交部羅部長鈞任兄勛鑒：〇密。東（一
日）午外十五號敬悉。停戰協商自儉（廿八）晚雙方
在克雷旗艦交換意見後，不特無進展，日方且已表示
不同意，同時撤退其製造和平空氣，意在緩和世界輿

論，展延國聯大會，證以連日各方消息及日本種種行動，日本實無誠意。昨日已用政府負責發言人名義發表英文談話，並由國民社電達。又昨中外各報載，外交委員會通過與蘇復交新聞一則。一般人甚注意，不知經過情形如何。此訊果確，對美國及其他各國將發生若何影響，亦乞詳加考慮，弟祺叩，冬（二日）巳。

上海郭泰祺來電

民國廿一年三月三日

南京外交部羅部長鈞鑒：本晨與藍溥森及克雷司令會談大略如下：關於日本所謂基本條件事，本晨祺與藍溥森及克雷司令會談，告以第十九路軍參謀長及祺均準備參加會議，討論立刻停止敵對行動之問題。根據於基本條件第一項，不與其他三項相牽連，藍溥森、克雷現正以祺之答復向日方接洽開會。

祺向彼等解釋，謂其他各項內之條件，有類戰勝者向戰敗者所提出之條款，政府殊無接受之可能。克雷稱：立刻停止敵對行動之問題，遷延愈久則無辜之生命犧牲愈多，祺答以此非中國所欲，否則目前時局不至發展。

祺告以我軍既經撤退至如此距離，日本實無可藉口以繼續攻擊，猶復進攻不已。並謂日方已放棄其前此種種之託詞藉口，且表現其對於遠東真意之所在，其為征服之慾望所薰心，無置疑之餘地。祺力言鑒於如此種種國聯大會必須設法阻止。蓋不僅為中國計，實為國聯自身計耳。藍溥森詢祺我方何故反對其他各項，祺答以日本意在根據第二項提出在某區域內撤除軍備或擴充租界之問

題，均無考慮之餘地，關於第三項祺謂日本已無可藉口在中國領土之內再事滯留，並向彼等指出所謂原狀之恢復期間，日本或解釋為無限期間。

藍氏甚表同情，對於我方所能處之唯一立場，亦表贊同，祺告以我方抵抗目前日本之侵略，不獨努力自救，且救全批界。因吾人如任貪暴之日本在滿洲上海肆所欲為，則殺人者亦可逍遙法外，而全世界遲早將蒙一民族之禍，該民族自欺並欺全世界，至於此極也，藍氏稱丁茲危急之際，世界不能援助中國誠為憾事。

藍氏並稱彼在上海每日與諸同僚開會，允將祺之見解轉達彼等，彼個人對之則大都表示同情，至克雷氏初雖不能了解我方之意見，嗣亦諒解。

本日下午二時祺接克雷氏電話，稱野村司令告彼，日本軍事當局已令停止向我軍的攻勢等語。

上海郭泰祺來電

民國廿一年三月九日

南京外交部羅部長鈞鑒：下午五時接藍浦森轉交重光來文如下：「在上海之日本文武當局，準備按照國聯大會議決案之規定，與中國當局進行會商，因關於前方情勢所抱之憂慮，今日要務之急，實為立即於最早日期，達到一完全停止敵對行為之切實協定，然後討論並決定日本軍隊之撤退辦法。日本當局始終推定日方關於此事之態度，業經為中國當局所洞悉，祇因自國聯大會通過前述決議案以來，未接中國當局任何通知，日本當局願明白表示擬遵照決議案之途徑，進行

會商。一九三二年三月八日。」

茲擬復文如下，乞迅電核示遵：中國政府既經接受國
聯大會三月四日之決議，準備與日方當局依據該決議
案之條件，及其總代表顏惠慶博士所稱之諒解，進行
會商：（一）該項會商限於僅與確切停止敵對行為，
及日軍完全撤退有關之事項。（二）該項撤退不得附
有條件。

中國政府業經由其駐在日內瓦總代表為上述目的，並
照上述諒解宣布準備進行會商，且以為日方當局業經
充分了解此事。

茲於三月九日下午五時三十分，准藍浦森勳爵所轉送日
當局通知前來。是日方亦同樣準備進行，所提議之會商
殊甚明顯，中國政府因此認為已開闢途徑，開始該項會
商等語。上述文件，業經電達顏代表。祺，九日。

上海郭泰祺來電

民國廿一年三月十一日

南京羅部長鈞鑒：重光致藍浦森氏一函其文如下：「藍
公使閣下，接准本日閣下來函，並附郭泰祺先生聲明一
件，表示準備與我方開始交涉。鄙人極欲我方代表與閣
下會同其他代表，與中國代表如所提議明白在貴處晤
會。惟余所引為遺憾者，即華方現既已提出條件，作為
交涉根據，而該項條件，就鄙人之諒解，並未曾載諸國
聯大會之決議案中，若非對於該條件確切之意義覺無疑
竇時，鄙人礙難照辦，其一為顏惠慶博士所提之保留，
不識『無條件字樣』之真正意義為何。鄙人現正向日內

瓦電詢其意義，以及該片面之保留如何處理。其次則關
於『完全撤退』一語之措詞，擬請閣下詢問華方，是
否彼等於『完全』一字上附有特別意義——決議案中
未見此字。

現時鄙人欲向閣下言明，並請轉告華方，我方立場係限
於國聯決議案措詞範圍之內，無所增減。重光署名。」
因藍浦森口頭要求，頃已將下列復文送出。「藍浦森爵
士閣下，關於三月十日重光先生致閣下一函，承於本午
將抄件見示，至感。昨日我方復文中『完全撤退』一
語，意即日本軍隊由彼等現所佔據，或管轄之中國領土
撤退，並恢復一月二十八日夜間彼等未進攻以前之形
勢。特此聲明，郭泰祺署名。」三、十一，下午三時。

致上海顧維鈞電

（原件未註日期）

上海顧少川兄並轉吳市長、郭次長勛鑒：○密。廿二、
廿三、廿四各電奉悉，克雷提議中日兩方尚須討論，日
方究竟有無誠意殊難揣測。第一步自應要求即日停戰，
討論時限於克雷所稱基礎各點，不能再提新案。撤退區
域駐軍及砲臺軍備問題，非獨不得要求永久不駐或不
設，即暫時拆除砲臺，亦不得提出。日軍撤船回國一
點，總望日方有相當之表示，但俟商議時討論亦可。商
議地點以英艦最妥，兄所擬雙方出席人員亦甚是，顏代
表處昨已電達，並請對西門提案暫勿有確實表示。路透
電傳美政府正式聲明，不用經濟抵制政策，是國聯大會
引用第十六條一事已無望。如開會時上海已經停戰，我

方自應注重全局，要求停止一切非法行動，屢行撤兵之
允諾。弟文幹，東午外十五號。

六　列強調停

外交部長與英使代表應歌蘭暨參贊台克滿談話
紀錄

> 民國廿一年一月廿九日
> 正午十二時

羅部長將上海情形告知應代表。

應代表云：尚未接到駐滬英領報告，此種情形已屬危
險，中國當知各國現狀，恐難有如人意念中所想像之舉
動。但如此局面，決不能任其遷延。又譬喻云：設或有
人行於途中遇強人，向其索取錢財衣服，否則將奪其生
命，此人自不得不給予錢財及衣服，以保留生命。現在
中國似已至保留生命之時期，究竟中國政府目前有無確
定辦法──願否與日本接洽──如願意接洽，似可設法
請由國聯方面考慮。

羅部長云：中國民族恐未能實行宗教訓誡，有擊其面
部之右者再將左面讓與被擊，有時全國尊嚴較之保全
生命尤為重要。日本現在繼續不斷以武力壓迫中國，
中國無論如何必須自衛，如欲商談，總須日方先行停
止軍事行動，自第三者出而發起，並不得提出屈辱或
不可能之條件，如此中國或可進行。應代表問是否如
華盛頓會議先例。

羅部長答：是。

應代表問：如提出二十一條可否討論。

羅部長答：不能討論。

羅部長聲明此係彼個人非正式之談話，尚須經國民政府及中政會之討論。

應代表云：彼領會此意。

美國公使來照

民國廿一年二月二日

大美國駐華公使詹森，為照會事，案奉本國政府電訓，轉致貴國政府關於列國提議停止衝突之通告如下：

雙方根據下開條件，立刻停止各種強暴行為。

（一）兩國間此後不再有動員或準備任何敵對行為。

（二）在滬中日作戰人員，退出彼此接觸之地點。

（三）設立中立區域，分離雙方作戰人員，以保護公共租界。該項區域由中立國軍警駐防，各種辦法由領事團擬定。

（四）兩國一經接受該項條件後，不先提出要求或保留，即根據非戰公約及十二月九日國聯議決案之精神，在中立國觀察者或參與者協助之下，迅速進行商議，以解決一切懸案之爭議。

相應照請貴部長查照辦理為荷。

（註）經外交委員會議決業經外交部照復，除中立區域及中立國軍警字樣宜改為和平區域及第三國軍警，並希望商議時第三國須參與不僅觀察外，完全接受該項提議。二月三日，外交部並經接到英法同樣照會。

致上海吳市長等電

民國廿一年二月二日

上海吳市長、龍華蔡軍長、戴司令勛鑒：密。頃由英代辦處得悉昨日上海開會詳情，租界各國防軍委員會下午提議，日軍全部退出被佔華界，及肇事前日軍所駐紮之越界築路區域。其退出之區域，在鐵路以東由英美等國軍隊暫行駐紮，中國軍隊自越界築路區域鐵路以西撤退，至二千米突距離，此二千米突區域由中國警察及保安隊維持秩序。此項提議如果屬實，我方可以接受。本日美使代表奉美政府令來部聲明，請中國政府對於上海事件須力持鎮靜，並自制態度，美政府正竭力設法不令公共租界牽入漩渦，如對租界發生軍事行動，必使形勢愈加嚴重，美政府當予反對等語。此項較具嚴重性質之勸告，同時聞已發致日政府，羅文榦。

上海市政府來電

民國廿一年二月十三日

限卅分鐘到。南京何部長敬之兄、羅部長鈞任兄、陳部長真如兄勛鑒：密。（一）本日下午四時半應法使之約，往談一小時，彼云甚願以個人資格出任調停，並聲明非奉有其政府訓令，其行動不願向外宣布。既探試我方意見，答以英、美領調停提案、四國提案及英、美海軍司令提案之原則，均經我政府接受，足以表示酷愛和平之誠意，而日方悉予拒絕。如此次亦有公平提案，仍本此誠意加以考慮。如提案稍偏日方使我方難堪者，萬難接受，若強我接受，勢必激動國內革命風潮，於大局

無益，亦於各國在華之利益有損，請其注意等語。彼甚以為然，並云非俟與英、美使晤談後無具體之意見表示，惟彼於約談之前已與日使相晤。（二）子文、少川、復初三兄及鐵城於下午六時先後往訪兩使，美使因時間關係所談不多，彼且無確實具體意見，英使對我等談話態度頗覺強硬，似深知我軍事內容。彼注重租界安全，立言欲我方遷就日人，以全日人好勝之體面。其所提之案，我軍由吳淞、閘北沿京滬線撤退至真如站以西，換言之，上海市區域皆不駐兵，主張全由警察負治安之責。吳淞方面日軍撤退，閘北方面日軍亦撤退回一九三一年十二月卅一日原防位置，此為有效雙方停戰辦法，以待國際調查團來滬，從事調查滬案，並謂，日人亦希望從速解決滬案，並無要求專管租界之野心，英使並謂：此案為其由京來滬途次所擬定者，後經靜江、孟餘、子文、庸之、少川、景然、復初諸兄研究，此非英使由衷之言，甚似與日使會晤後窺得日方意見所定之案也。既與日方所提通商口岸不直軍備者相同，即城下之盟無以異此，是萬無接受之理。擬于明日酌提對案，婉詞答復，同人僉以為今之計，不外兩途：第一、積極增厚兵力，不計成敗，準備與日軍激戰，充分發揚我民族抵抗之精神。其次在雙方諒解之下，我方以軍事上之理由，自動撤退至相當距離，留自由進退餘地，不受任何約束。此為滬上同人意見，謹以資陳參考。再聞本晚大版廣播無線電臺所傳消息，日政府已決定方針，訓令重光接受英、美、法使調停滬案，惟須避免談判其他問題。謹聞，上海市政府叩，文（十二日）亥。

上海吳鐵城來電

民國廿一年二月十三日

羅部長鈞任兄，陳部長真如兄勛鑒：文朱電奉悉。密。
文日會見英、美、法使，接洽情形，已詳文亥電矣。英
使以租界安全及顧全日人好勝體面立場，提出抑我就日
之案，我方絕無考慮接受之餘地，三使之來，於調停恐
鮮希望。謹先電復，弟鐵城叩，元子。

上海郭泰祺來電

民國廿一年二月十三日

限即刻到。南京羅部長、何部長、交通部陳部長勛鑒：
並轉蔣委員長鈞鑒：密。昨日同人與三使晤談，情形業
由鐵城電陳，今晨祺以昨晚同人意見答復英使，渠態度
較昨晚和緩，謂所擬原為商議之基礎，既難同意，自可
另想辦法，中國方面有何具體提議，彼亦願考量轉達。
嗣祺晤法使，渠態度甚佳，且謂日方意欲將吳淞與閘北
問題分開處理，渠不贊同。至中國軍隊應撤退之距離，
自當從詳討論，日本所有海陸軍應退入去年年杪原防，
所有辦法總以公允為原則，使雙方體面均可保全。一俟
預先徵得雙方同意後，即由雙方負責人開會，由三國公
使參加，以為保證。彼並轉述彼今日與重光及日海軍司
令野村談話情形，認為彼等亦有謀和誠意，惟彼對日方
之行為能否與所言相符，殊覺無切實把握。渠允明日仍
協同英、美兩使繼續進行云云。又少川兄午後晤美使，
據云：日使向彼聲言，停戰問題，其關鍵全在華軍先行
撤退，至應退若干里距離，須商之軍事當局方能答復。

華軍既退，日軍亦由吳淞、閘北一帶完全退至去年年杪
原防。少川告以吾方關鍵在距離之遠近，如計以里數，
無法商量，如以米突為標準，當能磋商，且吾方抵抗純
為自衛，日方如亦有誠意停戰，則距離較近亦不致再起
衝突。惟華軍已退出之區域，能否擔保日軍不再侵入？
美使謂日使曾向彼聲明，日軍並無佔據吳淞或閘北之企
圖，三公使能保證諒日方不致食言。此事原則上雙方同
意後，中日開議，三使亦可參加。少川謂停戰後上海問
題如何解決，當由中日與有關係各國外交代表共同商
議，果爾，則其他中日間一切問題亦宜由此項會議商定
一種解決之途徑，使如上海與東省各問題將來不再發
生，此實為遠東大局之福。美使謂雖知日方對滿洲問題
深不願第三者干涉，但所提一節頗有考量之價值，願電
告國務卿接洽研究云。再者：連日滬上紳商界領袖與英
美商會聯合作停戰之運動，與當局曾有相當接洽，餘續
陳。吳鐵城、郭泰祺叩，元（十三）戌。

上海顧維鈞來電

民國廿一年二月廿五日

南京外交部羅部長鈞任兄勛鑒：○密。敬（廿四）十一
號電計達，傾晤法使，並將各國應利用國聯大會，採取
一致堅決態度對日，使日覺悟各節詳說，渠頗為動容，
擬即電政府。並謂華軍抵抗得手以來，舉世對華印象為
之一變，日本因各種關係，勢難持久，現各使擬再相機
一試調停云。嗣晤美使，弟謂國聯大會如能實行經濟制
裁，日本定能覺悟，但能否實行，歐洲各國在視美國態

度為轉移。渠謂經濟絕交須由國會訂立新法，政府無權
擅為執行。美國政制與日本不同，非少數人能操縱，美
國輿論已頗激昂，將來或能辦到，目前尚非其時。弟詢
滬事何時能有轉機，渠謂昨日電告政府，大致謂華軍抵
抗頗有成績，對於不體面之條件不願容納，而日方以威
信大受打擊，非用重兵貫澈軍事上之目的以前，不肯罷
休。但渠私人意見，日方財政異常困難，所謂目的又非
少數援軍所能做到，故斷不能持久云。再，英、美二使
均以吾軍砲擊楊樹浦日旗艦適中意艦而危及各國人民生
命財產為憾，深勸吾方勿再攻擊，不特於事無濟，反傷
各國好感，而引起糾紛，除由此間轉達十九路軍外，應
否並由政府電告注意，請核奪辦理。又，英、美二使以
目前對停戰事在滬無可為力，均擬回寧一行，但未定啟
程確期。並聞。弟維鈞叩，敬（廿四）十二號。

上海顧維鈞來電

民國廿一年二月廿四日

南京外交部羅部長鈞任兄勛鑒：密。梗（廿三日）午梗
外四兩電敬悉，下午晤英使，告以此次國聯大會吾方擬
要求對日實行經濟制裁，深盼英政府予以贊助，如以為
實行制裁頗多窒礙，則惟有事先與各國接洽對日採取一
致堅決態度，主張日軍停止進攻，否則設法對付。如是
辦理，日方有所顧忌，方能覺悟，而國聯並可藉此機
會，恢復威信。若仍徘徊審顧，希圖敷衍過去，適滋日
方氣燄，國聯前途不堪問矣。渠問華方是否仍願和平解
決？弟謂近日民情憤激，都主積極抵抗到底，但弟個

人意見以為一面繼續抵抗，一面仍應謀和平體面之解決。渠謂前者所擬雙方撤兵之原則原極公允，乃因日方無誠意，致一無結果，現在日方並無表示，但長此戰鬥，亦非日方之福。以上各節，均擬電達倫敦，特聞。弟維鈞叩，敬（廿四日）十一號。

致上海顧維鈞電

（原件未註日期）

限一小時到。上海顧少川兄，並轉蔣總指揮、子文、鐵城、復初兄勛鑒：○密。少川兄元電頃到，當與介公、敬之、真如兄等面商，認為少川兄與美使所談各節，甚為妥善，日方近與我方軍事當局，有非正式接洽，其原則與英、美二使主張相同，但表示條件似可較優。吾方最以為慮者，惟恐日人食言，今既有三使參加，將來諒不致有變卦，故現在仍以拉住三使最為要著，以備將來解決全局問題時，我方不致孤立。至我方究退若干米突，望與三使磋磨，總以愈少愈妙。如三使確可切實保證，我方自可撤退。至雙方撤退之時間問題，最好同時實行，此層仍希兄等酌奪。此事如可議妥，我方自應切實聲明，此僅為停止戰事一種臨時辦法，至一切問題，自應循外交途徑，用最適當方法解決之。在此數日內，停戰辦法尚未議妥前，請兄切商三使，與日方接洽暫停軍事行動。頃又接鐵城、復初兄元戌電，雙方如可開會，由三使參加，即請少川兄代表外部，介公意亦如是。弟文○叩，寒未。

上海市政府來電

民國廿一年三月一日

限即刻到。南京外交部勛鑒：密。旅長王賡於感
（二十七日）因事路經黃浦路，為日方海軍兵士追捕，
該旅長避入禮查飯店後，為工部局巡捕幫同扭送捕房，
由捕頭交與日兵帶去自由處置。本府據報後當即派員向
美總領事抗議，並請予設法釋放未果，今日復已去函交
涉。謹聞，上海市政府叩，艷

七　日本外交的陰謀

致上海吳市長等電

（原件未註日期）

上海吳市長、郭次長勛鑒：〇密。弟等今晨正設應付對
滬停戰辦法，公俠兄來，據言軍部已派王俊在滬與日方
接洽，現原田武官向公俠兄面稱，對滬停戰本願中日彼
此退讓，不受英、美干涉。日本軍隊退回租界，中國軍
隊退至相當地點，其退出區域，由中國派得力警察維持
治安，保護日僑，最好不用第三國軍隊介於其間，即日
可以停戰，並希望日方後增部隊未加入戰線以前辦妥。
日方並聲明決不失信等語。果能如此，亦是善法，但我
國應顧慮者有數點：（一）如日方失信，再用軍隊衝入
我退出地帶，此時警察無力抵禦將之如何。（二）英、
美是否因此而生灰心，以後對全盤問題不再過問，前次
調停照會無形取消。（三）日方以後對全部問題將以此
次辦法為先例，堅持不受第三者干涉，到時我更孤立無
援。惟目前公俠兄言，既有以上辦法，果於我滬事及全

盤問題有利，則對英、美亦可設法說明苦衷，亦不妨作為參考材料。請鐵城兄與王俊兄細談，著其與日方詳細接洽。至能否照此辦法，仍請蔣、蔡總指揮、少川、子文、鐵城兄等詳細斟酌，並將詳情隨時電示，俾便決定為盼。弟蔣作賓、羅文榦叩，元申。

上海顧維鈞來電

民國廿一年二月廿五日

南京外交部羅部長鈞任兄勛鑒：○密。有電祇悉，松岡來滬目的，欲聯絡各國使領，希望日本與各國一致向華要求在上海週圍劃設緩衝區域，不許吾國駐軍。現因軍事方殷，進行未能稱手，深恐日軍事當局任意行動，以致外交方針，驟遭牽制。渠向各使微露意旨，如有適當方法，日方亦亟望收束軍事云。弟維鈞叩，廿五日有十四。

八　國聯態度

致上海市政府等電

民國廿一年一月卅一日

上海市政府、警備司令部鑒：密。本日國聯行政院公開會議時，秘書長提議，各會員國政府除當事國政府外，應訓令駐滬各該國正式代表，組織委員會，將滬案原因及其進展情形轉達行政院考量等因。特電接洽，外交部，卅一日。

上海顧維鈞來電

民國廿一年三月三日

南京外交部勛鑒：茲致日內瓦顏代表之文如下：此間華軍自動撤至第二道自衛防線，秩序甚佳，以便避免新到日本援軍向我方側面之壓逼，並勿使日方有所藉口，謂不立刻停止敵對行為。請非正式通知行政院，極可利用現今時機，催促日本立即停止敵對行為。並希附加聲明，華軍除非被攻擊，將不予進攻。顧，二日。

致蔣總指揮蔡軍長等電

民國廿一年三月五日

蔣總指揮、蔡軍長、戴司令勛鑒：密。微午電奉悉，已將日軍仍在進攻情形，電達顧代表，轉告國聯。國聯大會已於三日開會，各小國均同情於我，空氣尚佳。昨通過決議案中，有勸告中日代表由上海列強陸、海軍民事當局之協助，開始磋商明定敵對行為之停止，及規定日軍撤退之終結解決等語。顧代表聲明磋商限於停戰，而不及於圓桌會議。現我方方針對於上海會議，除非日軍完全撤退，不允舉行。而會議時不能涉及有損害我國主權之問題，軍事與外交有相聯關係，仍盼將前方情形隨時電示，外交部，魚午。

致上海蔣總指揮蔡軍長等電

民國廿一年三月六日

蔣總指揮、蔡軍長、戴司令勛鑒：支日國聯大會一致通過決議案如下：（一）大會申請中日政府立即採取必要

之方法，使兩方軍事當局所發停戰之命令變成有效。
（二）大會請求在上海有特別利益關係之列強，以前項
辦法實行之狀態報告大會。（三）大會勸告中日代表，
以上述列強陸軍、海軍、民事當局之協助，開始磋商訂
立辦法，此項辦法須確定戰事之停止，並規定日軍之撤
退，盼望上述列強隨時以磋商情形向大會報告云云。此
項決議經顧代表接受。但聲明第三節所稱磋商，係指停
戰之磋商，非指停戰磋商後之圓桌會議。又聲明對於撤
兵辦法，不得提出任何條件等語。特聞，外交部，歌。

九　日方強詞掩飾侵略罪行

沈司長與駐京日領上村電話談話記錄

民國廿一年一月廿九日

上午八時三十分

事由：日領電函通知，因上海形勢嚴重，暫令日僑及館
員移往下關日輪，並請保護其館舍暨館員住所由。

本日上午八時半，日領上村致電話於沈司長云：現在上
海形勢緊急，深恐其影響波及首都，或致發生誤會，擴
大範圍。本館為避免萬一發生誤會，以致事件擴大起
見，已令日僑及館員暫移往下關日輪，且以表示不願滬
案擴大之意，至於本館館舍及館員等住所，尚盼貴國軍
警當局予以保護。

沈司長詰云：據報駐滬日總領對於市政府之答復已
認為滿意。何以日海軍司令又通告派陸戰隊登岸而
施以攻擊。

上村答云：上海市政府答復駐滬總領之後，竊謂形勢可

以緩和，乃上海租界當局決定在租界公布戒嚴令，由各國軍隊分區擔任警備，日本軍陸戰隊擔任接近閘北之北四川路一帶（按此段據歐美司司長云日領對駐京各國領署亦如此說法），經日海軍司令通告，遣兵至該處警備，乃左近地方有中國在彼設施防禦工作，未審因何雙方軍隊發生衝突，現形勢似頗嚴重，頃間已送有公函一通附啟事一件至外交部。

越至十時半，上村又躬至部中，求見沈司長，面晤時重申前請。沈司長云當為轉達，並謂無論如何，日軍希圖佔據華界時，則本國自當為自衛而抵抗。現且保留一切要求之權。

日本重光公使來照

民國廿一年二月八日

為照會事。准本月四日貴政府照會，以據上海市政府電稱，日軍違反停戰之約，二月二日向中國軍隊攻擊，三日開砲轟擊吳淞要塞及白龍港等情，查係日軍故意擴大事變。因此發生之一切責任，應由日方負擔，並請予制止在上海日軍之行動等語，業經閱悉。查停戰之約定，日軍雖誠意遵守，而民國軍隊既於該約定成立之日，即一月二十九日夜間，以步銃、機關銃、大砲向日軍前線攻擊，復於一月三十日晨，由民國軍隊發砲數發，彈落於公共租界日本僑民居住地域之內。嗣復繼續為同樣之攻擊，最近且有便衣隊時常出沒租界之內，射擊日本軍隊及僑民。民國軍隊雖有如此行動，日軍仍事容忍，迨二月二日，民國軍隊仍不停止背信行為，遂於是日對其

攻擊予以還擊。至攻擊吳淞要塞一節，實因該要塞向三日晨出港之日本驅逐艦二艘開砲轟擊，為自衛而還擊也。究之上海方面日軍之行動，不外以防護日本僑民及上海租界為目的，對於民國軍隊之不當攻擊，取自衛上必要之措置，並無擴大事變之意。關於本案之一切責任應由貴國方面負之。綜上情形，民國軍隊如中止不當之攻擊，使日本僑民免除威脅，則兩國軍隊之衝突，自當終止也。相應照復貴部長查照，須至照會者。國民政府外交部長羅。

日本帝國特命全權公使　重光葵
昭和七年二月八日

致日本公使照會

民國廿一年二月十六日

為照會事：准本月八日來照，業經閱悉，對於本部本月四日去照所指稱上海日軍違約背信攻擊中國軍隊，故意擴大事變各事實，設詞否認，反謂日軍之行動係取自衛上必要之措置，並謂如民國軍隊中止攻擊，則兩軍衝突自當終止等語，殊堪詫異。查上海日軍在本月三日晨以前，遞用大砲飛機炸彈等攻擊上海、吳淞、白龍港等處要塞及軍隊之情形，本月四日去照已經詳述。自各國在滬當局於一月三十一日在美總領署議定辦法後，中國政府本嚴守是項信約，及國聯行政院決議勿使事態擴大之主旨，即命令在上海之中國軍隊非至有緊急正當防衛之必要時不得開槍，一月廿九夜十二時許，日軍在閘北虯江路方面向中國軍隊攻擊，以機槍掃射。三十日，亦係

日軍首先攻擊。嗣又以爆擊機戰鬥機拋擲炸彈攻擊吳淞、閘北、白龍港等處，均有事實可憑，況證以本月三日以後，上海日軍為大規模之敵對行動，繼續不止的砲擊吳淞、蘊藻濱及閘北各方面與其他地方之劇烈情形，則日軍之肆意使事變擴大，已極為明顯。

來照所稱中國軍隊向日軍攻擊，又吳淞要塞砲擊日艦，上海日軍之行動，不外以防護日僑為目的，取自衛上必要之措置各節，無一不與事實相反。故因此發生之一切責任，應由日方擔負，中國方面不能負任何責任，並保留一切要求之權。

來照又謂：民國軍隊如中止不當之攻擊，使日本僑民免除威脅，則兩國軍隊之衝突，自當終止云云，尤屬倒果為因。蓋自上月二十八日以來，日方海、陸、空軍不計次數，以各種武器向閘北吳淞等處中國軍隊進攻。二日三日且違背信約，肆意攻擊，中國軍隊為守護地方起見不得不從事正當之防衛。最近又有大批日軍開至上海，使形勢愈加嚴重。此種事實，中外具瞻，豈容諱飾。故上海之事，如日方停止一切攻擊中國軍隊之行為，則兩軍衝突自可告息也。相應照請貴公使查照。並電貴國政府迅電上海日本海、陸、空軍，立即停止一切軍事行動。並希見覆為荷，須至照會者。

錄字林西報

民國廿一年二月八日

日政府對滬用兵之聲明：按日本最近對滬事所發表之聲明書，華文報紙似均未披露。茲據字林西報所載，譯還

參考，亦可以見日人狡詐欺騙之技倆，而吾人對國際宣傳尤應加以注意矣。

日政府昨日發出聲明書，備述上海情形及派遣陸軍赴滬之事，此項聲明書業已分致英、美、法、意諸國之代表及國際聯盟會，內稱：日政府始終不變之政策，無非欲竭其全力以保遠東之和平，而促世界之進步，不幸年來中國內部紛擾，政局不寧，並盛行排外之鼓吹，致使世界各國咸怒焉憂之，而於我日本為尤甚。良以日本與華壤地接近，關係之利益甚大，故其所受之損害亦遠過於他國。我日政府欲求鄰邦之輯睦，國際之諒解，方竭力維持其相讓之態度，而中國反利用我之和緩而處處侵犯我之權利，仇視我國之僑民，推廣反日之運動。且此各地盛行之反日運動，直接與間接實受國民黨之指導，而國民黨者蓋即國民政府之本身也。該聲明書繼又略述青島、福州、廣州、廈門等處之排日舉動，而說到最近上海之事，謂日本海軍陸戰隊之前往閘北某地段，係在局勢已告緊急之後，以其時華軍向彼等開火。促成中日軍之衝突，而目前上海之危局，乃即由此而成。照以上所述，顯見華人之攻擊日本僧侶，與中日軍之衝突，為兩件全不相關之事。論軍隊之衝突，全非我國人之所欲，故當英、美總領事之出而調解，日本當局極望停止釁端，且事實上於一月二十九日已成就休戰之約。不料次日華人違背約言，又復開火，三十一日會議席上，已允在進行商議設立中立區之時，雙方軍隊停止敵對行為。然華人仍集中軍隊於上海附近，再取攻勢，我日本海軍因念上海係萬國通商之區，不欲擴大其形勢，力自約

束，勿操之過切。而華人乃廣傳日軍敗退之消息，以顯彼等愈益激昂之舉。就現在中國國內無可約束之情形而言，並證以歷史上類似之先例，此等集合上海之大軍，設更有膽大妄為之政客從而激之，則彼等可能之行為究將若何，吾等殊難斷言也。今我國之海軍陸戰隊與十倍以上之華軍相抗已是疲敝不堪，而我僑民之日居危險之中，其苦亦有不勝言者，故欲應付立派相當的陸軍援兵之確實需要（因可以登陸之海軍陸戰隊究屬有限）以除華軍侵襲之恐怖，欲回復上海之原狀，而使各國人民咸得安居樂業，我國政府已決發需要之陸軍赴滬矣。惟所當說明者，此次陸軍之派遣，較之前數次之照例得派海軍，並無若何更關重要之處。且日政府之所以出此，除克盡國際義務，保護眾多僑民，及價值數百兆之日本財產而外，並無其他用意也。是故此次出征兵力之多寡，只限於上述用意所絕對需要者，而其行動亦惟以保護各國公共利益之政策是依。該軍到滬，如中國軍隊仍復仇視，或加以阻撓使不能達以上之目的，則其勢不得不取必需之行動。舍此以外，當然別無從事於侵略戰爭之意。現日政府業已聲明，彼等在上海地方並不懷有政治的野心，而對於任何別國在滬之權利亦絕不思有所侵佔云云。

日本公使來照

民國廿一年二月廿三日

為照復事：接准本月二十日來照略稱，自一月二十八日以來，因在滬日軍轟炸及日本浪人暴行，所受各種

損害，保留一切要求賠償之權，並俟詳細調查再行提出具體要求等因。查此次日軍在滬之行動，不外保護僑民之生命財產，並防衛租界，必不得已之自衛行為。又此次來照所指日本浪人暴行一節，絕非事實，蓋事變突發以來，在滬日僑卻遭貴國軍隊及便衣隊不人道之攻擊，其生命財產，蒙極大損害。且公共租界之一部，亦因此陷於異常危險之狀態。此應由貴國方面負其全責，業於本月八日由本公使去文聲明各在案。故因本案所生或將發生之一切損害，自應統歸貴國方面負賠償之責任，毫無疑義。敝方對於將來賠償之交涉，自須保留一切之權利，相應照復貴部長查照為荷，須至照會者。國民政府外交部長羅。

日本帝國特命全權公使　重光葵

昭和七年二月二十三日

日本公使來照

民國廿一年二月廿四日

為照復事：接准本月十九日來照，以日本軍隊自瀋案發生以來，節節進迫，又向上海閘北一帶進攻，肆意攻擊閘北、吳淞各地，中國駐軍為自衛計，不得不加以抵抗。乃村井總領事及植田司令官各提出種種不可能之要求，倘日軍再行進攻，中國必當竭力抵抗，所有因此發生之一切結果，應由日本政府負其全責等因。業經閱悉。查此次上海方面兩國軍隊衝突，係因貴國上海地方官雖經貴國政府迭次聲明，尚無保護敝國僑民之誠意，且無能力。日本陸戰隊為保僑起見，正將擔任各國協防

區域之際，遭貴國便衣隊及第十九路軍之不法攻擊，業於二月八日敝公使去文聲明在案，諒荷察照。日來敝方極力設法再三隱忍，惟冀此種不幸事態，得以和平結束。但第十九路軍仍不改其態度，二月三日以來，不獨吳淞砲臺向敝國艦船開砲射擊，閘北方面亦益修戰備，屢施攻擊，租界及僑民極感危險。敝方一面對於吳淞砲臺為確保國際交通之目的，予以必要之還擊，一面於本月十八日，由村井總領事及植田軍司令官分向上海吳市長及第十九路軍蔡軍長送致公文，要求以適當措置，將滬案迅為結束。惟貴國方面不獨不肯開誠布公，而第十九路軍尤毫無誠意，且益採敵對行動，對日軍及租界攻擊不已，情形既如上述。

來照所指之點完全與事實相反，敝方斷難承認。且日軍行動全屬於保護僑民生命財產，及防衛租界必要上出於不得已之自衛行動。關於本案之一切責任，自應由貴國方面負之。茲特嚴肅聲明，相應照復貴部長查照為荷。須至照會者，國民政府外交部長羅。

　　　　　　　　　日本帝國特命全權公使　重光葵
　　　　　　　　　昭和七年二月二十四日

致蔣總指揮蔡軍長等電

　　　　　　　　　　　　　　　民國廿一年三月九日

蔣總指揮、蔡軍長勛鑒：據路透社電稱，日司令白川八日宣言如下：余希望以和平方式解決中日問題，曾於三日下令自動停止軍事行動，乃中國軍隊竟在崑山附近各地積極建築新防禦工程，並將軍隊調回集中太倉四周。

華軍一部隊時時偵察日軍哨兵線，此種態度實等於漠視日本軍隊之誠意，深為遺憾。此後如有華方部隊進入下列各處日軍陣地，我方不能擔保不與我方哨兵發生衝突，如因此而使形勢趨於嚴重，自應由華軍負其責任。現日方防禦陣地北自羅班口、福饒鎮、岳王廟、魏康鎮、安亭鎮、北虎觀鎮，由此以東至公共租界，沿蘇州河岸各地等語特達，地名係譯音，羅文榦叩。

十　日軍無理要求及中國的態度
上海吳鐵城來電

民國廿一年二月十四日

限三十分鐘到。南京何部長敬之兄，並轉陳部長真如兄、羅部長鈞任兄勛鑒：密。昨今各電均奉悉，並照轉達天兄矣。屢承電告，日方願直接商洽停戰辦法，並囑由達天兄與日方接洽，連日達天、亦農二兄非公式向日使館及武官方面分頭接洽，先尚似可接近。昨今日陸軍到齊後，日方態度突變強硬，一味要求我軍先行撤退，對於我退後彼是否撤退及是否進佔我軍退出之地區二點，未肯明白表示。雖田代明日仍約達天兄一晤，然其是否有和平解決誠意，尚未可卜。據日方言，今午一時後，重光與英、美、法三使及各代辦在英領官邸會議，俟此會議結果，電東京請示，然後日政府態度方能確定。此次會議結果，當托人探聽，另行電陳。但在連日接洽情形推測，日方似認為我政府無與彼大決裂之準備及決心，故有與我一戰決勝而後收束之意圖，危機迫切，尚乞早定方針，以免貽悞。

至於對日方雖可由王、殷二兄繼續非正式接洽，隨時
電陳，以資參考。惟照王、殷二兄連日接洽情形，及
由他方所得日方消息判斷，直接商洽停戰之希望極少
也。先此電達，弟鐵城叩，寒（十四日）申印。

上海顧維鈞來電

民國廿一年二月十八日

萬萬急。限即刻到。南京外交部羅部長鈞任兄勛鑒：
密。今晨雙方軍事代表晤談，日方提案要點如下：
（一）自公共租界極東界起，沿北界及沿蘇州河經曹家
渡、周家橋、蒲松鎮劃一直線，在此線以北二萬米突
內，中國軍隊須全部撤退。至西以自租界極西界起，往
西至二萬米突為止，又在浦東自爛泥渡，經張家樓鎮劃
一直線，在此線以北，華軍亦不得駐防。（二）吳淞與
獅子林炮臺地均在撤兵區域內，並須解除炮臺。（三）
滬南日僑之安全，中國須保證。（四）便衣隊須格外注
意肅清。（五）實行取消抗日運動。（六）華軍撤退期
內，日軍不射擊亦不進攻，其飛機除偵察撤兵程度外，
亦不施攻擊。（七）撤退後由日軍官勘驗證明後，所有
日軍退至租界及虹口越界築路一帶防地。（八）至退出
區域維持治安問題，由兩國外交代表商議。（九）日方
聲明此為最低限度，炮臺之解除為絕對必要之點，並謂
今晚九時以前擬將條件用書面送達華方。范代表謂所提
辦法不特十九路軍礙難贊同，即中國政府與人民亦必不
能同意，既承見告，當請示軍司令與政府。日代表謂雙
方請示，固是辦法，但日軍司令與日政府已經再三研

究，所見相同，並謂時機迫切，望速答復云。綜核情形，日方意在堅持所謂書面提出，想是最後通牒，茲擬將情形密告各公使，並接洽一切，特先撮要電聞。餘續達，弟維鈞，巧第四號

上海吳鐵城來電

民國廿一年二月十九日

限二十分鐘到。南京何部長敬之兄、羅部長鈞任兄勛鑒：密。日軍司令植田謙吉致蔡軍長廷楷通牒，於本晚八時四十五分鐘送到，要求立刻停止軍事行動，廿日上午七時撤退第一線，廿日下午五時前浦東、浦西撤退廿公里餘，如本日酉電。日領並有同樣通牒，送達市府，謹聞。並請轉陳汪、蔣二公，及將巧酉電一併轉電洛陽為禱。弟鐵城叩，巧（十八日）戌印。

上海市政府來電

民國廿一年二月十九日

限即刻到。南京何部長並轉羅部長、陳部長、朱總長、中央宣傳委員會、特種外交委員會勛鑒：汪院長、蔣委員鈞鑒：○密。本晚八時四十五分鐘，接到日軍司令植田謙吉致蔡軍長廷楷通牒，文曰：本職基於欲以平和友好之手段達到任務之熱烈希望，茲對於貴軍通告左開各件：（一）貴軍應即速行中止戰鬥行為，於二月二十日午前七時以前將現據之第一線撤退完了。於二月二十日午後五時以前，從黃浦江西岸，由租界西北端連結曹家渡鎮、周家橋鎮及蒲淞鎮之線起算，黃浦江東岸由連結

爛泥渡及張家樓鎮之線起算,各從租界境界線向北二十基羅米突之地域,包含獅子林砲臺內,撤退完了,且在該地域內撤去砲臺,及其他之軍事設施,並不新設之。(二)日本軍於貴軍開始撤退後,不行射擊,轟炸及追擊動作,但用飛機之偵察不在此限。又貴軍撤退後,日本軍僅止保持虹口附近之工部局道路地域(包含虹口公園之周圍)。(三)貴軍第一線撤退完了後,日本軍為確認其實行起見,派遣有護衛兵之調查員於撤退地域,該項調查員攜帶日本國旗以資識別。(四)貴軍對在該撤退地域外,上海附近之日本人生命財產,應完全保護之。此項保護,如不完全,日方當採適當之手段。又對便衣隊應一概有效禁止之。(五)關於在上海附近(包含撤退區域)外國人之保護容另商議。(六)關於禁止排日運動,一月二十八日吳市長對於村井總領事之約諾應嚴重實行。關於此項,當另由帝國之外交官署憲對貴國上海行政長官有所交涉。如以上各項不能實行時,日本軍將對貴軍不得已採自由行動,其結果所生一切責任,應由貴軍負之。昭和七年二月十八日午後九時,大日本帝國司令官植田謙吉,第十九路軍司令官蔡廷楷閣下,等語。日本總領事亦有同樣公函致市長,謹聞,上海市政府,巧(十八日)亥。

致上海吳市長等電

　　　　　　　　　民國廿一年二月十九日

限半小時到。上海吳市長、蔣總指揮、蔡軍長鑒:密。巧亥電悉。日領及日司令牒文依照下開意旨,速為答

復：此次中國軍隊在滬行動，原為對於日軍攻擊之正當
防衛，祇須日軍停止進攻，中國軍隊自當立即中止戰鬥
行為。我方極願速謀上海和平之恢復，但來文所開各條
關係中國主權至鉅，茲就大體上逐條說明如下：（一）
為避免衝突計，以雙方撤退軍隊為原則。雙方軍隊撤退
之距離，可由雙方軍事當局商定，但撤退區域內之砲台
及其他軍事設施，仍應存在。（二）中國軍隊撤退時，
日方飛機殊無偵察之必要，日軍撤退時，我方亦不用飛
機偵察。（三）雙方撤退完了後，雙方均無派遣調查員
之必要，可請第三國組織之委員會調查證實。（四）上
海及其附區中國當局管轄內之日本僑民，中國當局當盡
力保護之，但因日本僑民不守秩序而致發生事故，日方
不能認為保護不完全。至雙方便衣隊彼此應用有效方法
一概禁止之。（五）上海及其附近在中國當局管轄內，
包含撤退區域其外國人之保護，完全由中國警察擔任
之。（六）關於此項運動，當依法取締之。以上各項
實為謀上海區域內和平之正當辦法，深望日方能洞悉
其意，勿採取任何動作，致令局勢愈加嚴重，倘日方
必欲堅持原開條件，而採自由行動，則因是所生之結
果，當由日方擔負其完全責任等語。上開各節，經中
央議決，由本院執行。但因日領及日司令牒文係致吳
市長及蔡軍長，故應以吳市長及蔡軍長名義答復，至
牒文內之稱謂，應用「貴軍」、「本軍」字樣，復文
送出後，盼即電告，並設法使中外周知為要。行政院
長汪兆銘，皓未。

致駐美公使館電

民國廿一年二月十九日

Sinolegate Washington：密。滬事迭經英、美、法三使調停，日軍毫無誠意，竟於昨晚向我蔡軍長及吳市長提出最後通牒，條件苛酷，萬難接受，和平無望，希即敦促美政府迅速設法積極制止。外交部，十九日。

上海吳鐵城來電

民國廿一年二月十九日

限卅分鐘到。南京羅部長鈞任兄勛鑒：密。此間各中委研究日軍最後通牒，以為日方要求我軍在我國境內撤退，及撤去撤退地域內炮臺，及其之軍事設施，並不新設之等，是已不承認我國國家之存在。又本日我方已將日牒全文宣布，日方在外報及其本國報紙則將撤去吳淞要塞諸要點隱略，並未完全發表，益見其對外掩飾畏葸之心理。應由外部宣言痛加駁斥，揭示其罪，以告世人，謹述以聞。弟鐵城叩，皓（十九日）戌二。

上海吳鐵城來電

民國廿一年二月廿日

限即刻到。南京羅部長鈞任兄勛鑒：並轉汪院長鈞鑒：巧晚八時四十分鐘，日總領事村井倉松致弟通牒，與日軍司令致蔡軍長者內容雖同，首尾措詞略異，茲將全文電陳如下：「逕啟者，自一月二十八日晚，貴國第十九路軍及便衣隊向日本陸戰隊攻擊以來，閘北方面中日兩軍成對抗之形勢。二十九日晚雙方雖有停止戰鬥行為之

成約，但貴國軍隊仍背約向我方射擊，或加轟擊，使我方不予以應戰。且以貴國軍隊實行其有計畫的挑戰，於是吳淞及江灣方面亦發生軍事行動，在此時間，貴方一方面散布關於第十九路軍勝利等無稽之虛報，一方面對於我方公正之行動加以種種誹謗，其結果第十九路軍對於防衛租界保護居留民而絕無他意之我軍加以新的攻擊，便衣隊出沒於各處，依然不停止其惡劣兇暴之行動。在留日本人固無論矣，即上海租界亦受到非常之威脅，本總領事認為在此之時，從速解決由兩國軍隊衝突而起之事態，乃極為必要，故希望依照左列條件，從速終止戰鬥行為，切望貴國軍隊接受該項條件，並望貴市長即行轉達貴國軍隊，接受該項條件，同時予以切實之履行，如貴國軍隊不接受該項條件，日本軍隊將有自由行動之事實：（一）中國軍隊須於二月二十日午前七時以前，將第一線撤退完了，於二月二十日午後五時以前，從黃浦江左岸，由公共租界西北端連結曹家渡鎮、周家橋鎮及蒲淞鎮之線起算之租界北部境界線以北，及接連黃浦江右岸爛泥渡，及張家樓鎮之線以北，完全撤退至距租界二十基羅米突以外之地域（包括獅子林砲臺），即將該地域內之砲臺及其他軍事設施撤去，並不得重行建築。在上海附近者，不屬於上述撤退地域內一帶之日本人生命財產，須由中國方面完全保護，如上項保護有未完全之情形，日本方面得執行適當之手段，便衣隊中國方面應一概有效禁止之。（二）日本軍在確認中國軍隊業已撤退之後，僅祇保持虹口附近之工部局道地域（包括虹口公園之周圍），日本軍自中國開始撤退

以後，停止射擊、轟擊及追擊之動作，但飛機之偵察不在此限。（三）中國軍第一線撤退完了後，日本軍為確認其實行起見，得派遣有護衛兵之調查員於撤退地域。（四）關於保護上海附近（包括撤兵地域）之外人，另行商議之。再關於第十九路軍此次採取此種行動之經過，業於二月十五日本總領事致貴市長函中言及，認為畢竟由於貴市長對於一月二十八日答復一月二十日本總領事要求，所稱即時解散抗日會及禁止其他排日運動之諾言，未有切實實行之誠意與能力而發生，是以本總領事應重新向貴市長要求，從速而且完全實行上述貴市長之諾言，本總領事以極大之關心，監視貴市長對於本案之實行，如貴市長不能與實行，使我方不得不採取適當手段時，由此所發生之一切責任，應由貴方負擔，合併聲明，相應函達，即煩查照。此致上海市市長吳，駐箚上海日本總領事村井倉松等語。弟鐵城叩，皓戌三（十九日）。

致日公使照會

民國廿一年二月廿日

為照會事：據上海蔡軍長廷楷電稱：十八日下午八時四十五分，接到日軍司令植田謙吉來文，請中國軍隊從速終止戰鬥行為，於二十日午前七時以前，將現據之第一線撤退完了，並於是日午後五時以前，從黃浦江東西岸指定地面各離租界線二十基羅米突之地域內，撤退完了，又在撤退區域內之砲臺，及其他軍事設施，予以撤去，並不新設立。並開列其他條件，要求實行，否則將

採自由行動等語。又據吳市長鐵城電稱，駐滬日本總領
事村井倉松，亦有同樣公函致該市長。查自上年九月
十八日日本軍隊在瀋陽無端開釁以來，節節以武力進逼
侵佔東北各地。迄本年一月二十八日，日本軍隊又突然
向上海閘北地方進攻，二旬之間，日本大隊陸、海、空
軍在閘北、吳淞各地肆意攻擊，中國駐軍為自衛計，不
得不加以抵抗。乃在滬之貴國軍司令及總領事竟復分向
蔡軍長及吳市長提出種種不可能之要求，實屬無理已
極，倘日本軍隊再行進攻，中國軍隊仍必竭力抵抗，
所有因此發生之一切結果，應由貴國政府負其全責。
相應提出嚴重抗議，照會貴公使即希查照為荷，須至
照會者。

上海市政府來電

民國廿一年二月二十日

限即刻到。銜略：本日市府答復日總領事公函，於下午
七時送達，原文如下：「逕復者，昨晚九時接准貴總領
事來函，所開各節業經閱悉。查來函所述上海方面嚴重
之形勢，均係貴國軍隊違反公約公法，任意進攻吾國領
土，慘殺吾國人民所造成。其一切責任，應由貴國方面
負擔一節，迭經函達在案。此次貴總領事所請轉達本國
軍隊要求實行之各項條款，本市長未便轉達。查來函所
指各節，均為足以影響中日兩國一切關係之問題，應由
兩國外交代表處理。故本市長業經呈報本國政府核奪，
由外交部逕行答復貴國駐華公使矣。惟應聲明者，貴國

軍隊現仍實行挑釁、攻擊、轟炸，無所不為，以致本國
國民之憤慨，日見增加，在此情形之下，所謂抗日運動
自難消滅。凡因此而發生一切責任，貴國自應完全負
擔，相應函復，請煩查照。此致日本國駐箚上海總領事
村井倉松。」又，蔡廷楷軍長答復日軍司令文曰：「逕
復者，頃接貴司令二月十八日午後九時來函，備悉一
切，本軍為中華民國國民政府所統轄之軍隊，所有一切
行動，悉遵國民政府之命令，來函所開各節，業經呈報
國民政府核奪辦理，由外交部逕行答復。此致大日本軍
司令植田謙吉，中華民國第十九路軍長蔡廷楷。」謹電
奉陳，上海市政府叩，皓戌。

上海市政府來電

民國廿一年二月廿九日

限即刻到。南京蔣委員鈞鑒：羅部長、交通部陳部長、
軍政部陳次長、中宣會、特外會勛鑒：密。頃接日本駐
滬總領事來函，內稱：「據各方面之確報，貴國軍隊近
日以來陸續由各地方增派援軍，集中此間，而此種援
軍，多係利用鐵道而運來者。此種舉動，足以使事態日
益擴大，如貴國軍隊仍繼續增援，日本軍為自衛上不得
已之措置，將於三月二日以後，對於自嘉興及蘇州至上
海之間，供貴國軍隊使用之鐵道線路及軍用列車，將有
破壞之企圖。因此為預防一般住民之危害起見，我方自
當設法通知各方，並望貴市長亦立即通知上海附近住民
注意，相應函達。即煩查照辦理為荷」等語。謹電奉
陳，上海市政府叩，艷（二十九）。

上海吳鐵城來電

民國廿一年三月三日

限即刻到。南京蔣委員鈞鑒：羅部長、交通部陳部長、軍政部陳次長、鐵道部曾次長、中宣委會、特外委會勛鑒：密。本晚日本廣播臺傳播曰：政府對於上海事件，已決定辦法如下：

（一）中國軍隊撤退至廿基羅米突。

（二）日本軍隊俟將中國便衣隊肅清後再撤退。

（三）退出區域由中立軍隊駐防。

（四）確定上海永久和平辦法。

（五）上海此次損失由中國負責賠償。

（六）談判未成立以前，保留軍事自由行動之權云云。譯其大意如上，謹電奉聞。上海市市長吳鐵城叩，江（三日）酉。

第三節　日機侵襲杭州

一　日機襲筧橋機場

杭州魯滌平來電

民國廿一年二月廿六日

特急，限即刻到。洛陽行政院、軍事委員會、南京外交部、參謀本部均鑒：○密。今晨七時，有日機十五架至筧橋機場擲彈，燬航校練習機三架，傷機師二人。我方飛機當與接戰，並用機槍掃射約一刻鐘，敵機即向乍浦方面遁去。又據海寧長途電話報告：海鹽洋面停有敵艦三艘，見有飛機六架由該艦飛出等情。除飭屬嚴密戒備外，謹聞。魯滌平，寢（廿六日）印。

浙江省政府主席魯滌平自杭州來電

民國廿一年二月廿六日

南京總座蔣、軍政部辦事處、外交部、參謀本部、洛陽行政院、軍事委員會：密。頃據駐乍浦獨立第三六旅第一團魯團長報稱：本日上午有日艦二艘到乍浦海面游弋即去，下午三時半復來一艘，並至海鹽縣屬之澉浦，現停泊小普陀山右側。另有飛機兩架在空中偵察。又，下午三時許有敵機十二架，再到筧橋機場擲彈十餘枚，毀民房數間，嗣在空中盤旋約三十餘分鐘後飛去，並探悉今晨七時在筧橋與我空軍作戰之敵機，均用達姆彈，除仍飭屬嚴密戒備外，謹聞，魯滌平叩，寢（廿六）戌印。

浙江省政府代電

民國廿一年三月九日

南京外交部勛鑒：密。查日本飛機飛杭擲彈，經於寢日電達在案。茲據杭州市政府呈稱：本年二月二十六日上午六時半，據報日本飛機十餘架飛集筧橋地方，擲下炸彈二十餘枚，以致民屋、田地及航空學校練習機十餘架，學員四人均被炸毀炸傷。查日本並未與我國正式宣戰，而旅杭日僑又已自動安全退出，一切財產又由政府照約保護，故日機是項悖絕人道慘異行為，殊百思不得其理由。除詳情續報，並先由本府對於駐杭日領米內山庸夫提出嚴重抗議，即日制止日機再有是項舉動外，理合抄同抗議原文，具文呈報。續又據呈，以據本市第十一區區長呈稱：二十六日晨有敵機十五架自東飛向本區筧橋機場一帶，投擲重彈三十餘枚，落於機場營房及車站等處。旋十時三十分，敵機三架又來偵察。下午三時許，又有敵機十二架來筧橋機場偵察，投彈七、八枚。計是日敵機先後三次來區偵察擲彈，民間被炸毀者，有火車站東隣胡艮友茅舍二間，營東農民草舍一間，所有該農民等一切家用器具，盡為焚燼。至軍機方面，我停在機場之雙翼機二架，單翼機三架，機身翼膀均受微損，而停儲營房之教練機六架，與儲機房五間，亦均同時被炸。又，我起飛抵抗之雙尾戰鬥機一架，稍被損害，機師四人亦受微傷，理合備文呈報。又據省會公安局呈稱：案據三區五分署呈稱：二月二十九日下午一句四十分時，有敵機三架由筧橋方向來至轄境七堡、五堰廟、彭家埠、白石廟等處空中盤旋飛翔，並用機槍

向下射擊，其時有濱河頭地方五十二號門牌（筧橋警所轄境），農民戚廣法在地耕作，致被敵機機槍射中右臂上部，子彈未曾穿出。當由其家屬就近抬至本分署彭家埠第五分棚，請求救治。署員聞報立飭抬送來署，商請駐機神廟陸軍醫院醫官先予止血救急（因鉗取子彈須用愛克司光照視，該院無此設備），一面即行備函派警護送至廣濟醫院，設法鉗取醫治，除知照該管警所外，理合報請鑒核等情，據此。查該七堡、五堰廟等處既非軍事區域，又無軍事設備，該日機與於毫無抵抗之農民用機槍向下射擊，實屬毫無人道，應否行知外交當局，提出抗議之處，除呈戒嚴司令部外，理合備文呈報各等情。查自瀋滬事變發生，本府奉令保護日僑，其在杭日領僑民，業已自動安全退出，一切財產復由政府照約保護。乃日本飛機無故入境侵襲，拋擲重彈，炸毀我國飛機多架及機場機房民居什物，暨彈傷毫無抵抗之農民。似此慘暴行為，實屬悖絕公理。除電呈洛陽行政院、軍事委員會外，應請貴部即向日方提出嚴重抗議，並聲明保留賠償損失。仍希見復為荷，浙江省政府主席魯滌平叩，佳印

二　為日機轟炸杭州事中日來往照會

致日本公使照會

民國廿年二月廿六日

為照會事：據確報，今晨七時，日本轟炸機六架，驅逐機九架，至杭州筧橋飛機場，轟炸機擲彈，驅逐機用機槍掃射。我國飛機迫於自衛，當與接戰半小時後，日機

始退去，計燬中國練習機三架，傷機師二人。又海鹽洋面停有日艦三艘，日機六架由該艦飛出等語。查日方空軍乘上海情勢仍在緊張之際，前屢在蘇州迴翔射槍，經本部於本月廿二日提出抗議，尚未准復，乃今晨復有日機飛杭擲彈，傷我機師，毀壞我飛機，致使情勢愈趨擴大，茲特再向貴公使提出嚴重抗議，請迅電貴國政府嚴令制止，日機以後不得再有此類行動。並對於此次杭州因日機轟炸所受之一切損失，中國政府保留正當要求之權。即希查照辦理見復為荷，須至照會者。

日本公使來照

民國廿一年三月廿六日

為照會事：接准本月二十四日來照，所指關於日軍飛機之行動一節，業經閱悉。查日軍飛機此次飛航蘇州及杭州方面，祇因貴國雖經聲稱已對軍隊發有停戰命令，而由浙省至黃浦江，又由蘇州至與前線相連之地，大事構築陣地，故往偵察，非欲施以攻擊。在我方所處之地位，對於貴國軍隊構築陣地等事，能使情形惡化之行動，不得不望其即予停止也。至來照所稱日軍飛機在杭州發射機關槍一節，全非事實。貴部長乃據此虛構之說，提出抗議，實為本公使所極難了解者也。此種捏造之辭，不獨我方感受擾累，且為恢復和平之障礙。本公使極盼貴國方面切實注意，加以取締，相應照請貴部長查照為荷。須至照會者，國民政府外交部長羅。

日本帝國特命全權公使　重光葵

昭和七年三月二十六日

致日本公使照會

民國廿一年四月八日

為照會事：接准三月二十六日來照，業經閱悉。查日機不顧公法，屢次飛杭，本部陸續接有地方當局報告，如三月十一日，日機至杭飛經城隍山時，開放機槍射傷幼孩阮梯榮頭部，經送浙江病院醫治，該機旋又飛至南星橋陸軍兵營，開機槍向下射擊。二十日日機飛經城站，曾放機槍數發，回經北九堡地方，槍傷民婦李方氏左腿，撿獲子彈頭一粒，驗明係日機關槍彈。二十一日飛至城區鳴槍。上項事實，證據確鑿，受傷民婦李方氏且拍有照片寄存本部。是日軍之肆意行為，已無可諱避。乃來照反謂日機並未發射機槍，傷及人民，殊與事實不符。查停戰會議正在進行之時，而貴國飛機尚復隨處偵察放槍傷人，殊堪詫異。正擬申駁間，又據報二十四日日機復飛至長安車站西揚旗處姚家埭地方，放機槍多發，鄉民奔避等情。相應一併向貴公使提出抗議，務請轉告貴國軍事當局，嚴令制止，以後不得再有此類行動。即希查照辦理見復為荷。須至照會者。

日本公使來照

民國廿一年五月廿八日

為照會事：關於日本飛行機行動一事，接准貴部四月十二日來照，業經閱悉。查上海停戰協定已經簽字，來照所稱各節，雖已成為過去問題，然日本軍事當局為明瞭當時情形起見，業已詳細調查，茲以事實真相照請察。

三月十一日日本軍偵察飛行機偵察杭州方面之際，因雲霧低迷，故使飛行高度低下三百密達，於杭州西南方面及石湖塘地方雖曾受貴國軍隊槍擊，偵察人員隱忍自重，並未應戰，即行飛離該地。

三月二十日，日本軍用偵察機以六百密達高度飛行杭州附近，旋而左轉飛離該處。查該偵察機並未裝置機關槍，當然無機關槍槍傷婦人李氏之事實。

三月二十一日，日本軍用偵察機雖以八百密達高度飛行杭州方面，以並未架設機關槍，故未開槍之事。

三月二十四日，日本軍用偵察機以一千密達高度，於午前九時五十分飛行長安停車場附近之際，亦無開槍等事。要之，日本軍鑒於杭州方面貴國軍事行動，自衛上雖以飛行機偵察，然所使用者僅為偵察機，並無使用攻擊機事實，況偵察機於戰術上之用法亦非對於地面濫肆攻擊之物。

來照所稱日本飛行機於各地攻擊華人各節，全與事實不符，我方不負何等責任，相應照復查照，須至照會者，外交部長羅。

日本帝國特命全權公使　重光葵

昭和七年五月二十八日

三　日機飛杭轟炸我方之損失統計

日機轟炸航校機場損失估價表

機關名稱	所在地址	損失種類及數量	損失狀況	損失價值	備考
航空學校	杭州筧橋	校舍三間	完全炸毀	二、〇〇〇元	該校於二月廿六日晨，被日機轟炸一次，同日下午又被轟炸一次。
		摩斯教練機三架	炸傷待修	一五、〇〇〇元	
		運輸機一架	同　　右	五、〇〇〇元	
喬司飛機場	杭州喬司	汽　　油一百八十箱	完全炸焚	二、三六五元	該機場於二月廿六日，下午被日機轟炸一次。
總　計					二四、三六五元

日機襲杭傷人案件簡表

日期	日機擲彈地點	日機數目	投彈數目	傷人毀物情形	備考
二十一年 二月二十六日上午六時四十分	筧橋大營機場一帶	轟炸機十五架	投重彈三十餘枚	公家方面，炸毀航空學校教練機六架與儲機房五間，傷雙翼機二架、平翼機三架、雙尾戰鬥機一架，並傷機師四人。	
				民間被炸毀者，有大車站東鄰胡民友茅舍二間，營東農民草舍二間，屋內所有物件盡焚毀。	以上情形係據第十一區區長呈報。
同日上午十時三十分	又	三架	無		
同日下午三時許	又	十二架	無		
二月二十九日下午三時	筧橋機場一帶	三架	投彈五枚並開機關槍掃射	公家方面，航空學校機場平面，及省立高級蠶桑科中學校址，均受炸損，民間方面，住彭湖頭農民戚茂釗次子肩部為機槍射傷。	以上情形係據第十一區區長呈報。
三月十一日下午二時	城區內	一架	開射機槍	將居住舊藩署內八十三號，阮阿春七歲之子名梯榮者頭顱擊破。	據第二區區長報告。
三月二十日上午十一時四十分	筧橋大營機場一帶	一架	開射機槍	流彈傷居住九堡地方李毛毛之妻方氏左腿。	攝有照片送國聯調查團。

說明：日機於三月巧、馬、梗、迴、有、儉等日，均經飛杭偵察，旋即飛回，並未放槍擲彈。銑日在筧橋大營放槍示威，但未傷人。

第四節　接收上海

一　接收上海

接收上海之重要措施（「一二八停戰後接收上
海戰區」卷節略）

（一）案由：

二十一年一月二十八日上海戰事發生後，歷時一月有
奇，始由中日雙方自動進行停戰會議，並由英、美、
法、義、四國代表參加，日本允無條件撤退，惟上海附
近之戰區則劃為非武裝地帶，並決定由特種警察駐防維
持治安。

（二）參與接收之機關：

（1）上海戰區接管委員會：查上海戰區包含蘇省府及
　　　滬市府雙方管轄地區，接管之際，須根據協定，
　　　由與會友邦代表合組之共同委員會協助佈置。事
　　　關對外，故須先行統一接管後，再行分別劃歸原
　　　管。為統一事權便於應付起見，遂有上海戰區接
　　　管委員會之設立，置委員五人（蘇省府二人，滬
　　　市府二人，共同委員會中國委員一人）。該會於
　　　五月中旬成立，七月二十四日結束。

（2）共同委員會：淞滬停戰協定共同委員會，係由
　　　中、日、英、美、法、義各派員二人（一文一
　　　武）組成之，討論關於日軍之撤退程序，及監視
　　　日軍撤退及我方接管事宜。該會於三月間成立，
　　　十一月十八日奉院令由我方提議結束。

（三）我方接管戰區之警衛：

（1）北平保安隊：上海附近既劃為非武裝地帶，治安
　　　之維持乃決定以特種警察（Special Police）負之，
　　　我遂調派北平保安隊一千名南下服務。五月十
　　　日，第一批保安隊五百名由盧籙率領離平，十五
　　　日安抵上海。至於統率指揮及管理該項保安隊之
　　　軍官，則由上海市府聘請瑞士籍之教練官負之。

（2）陸軍第二軍調精兵兩營：龍華為淞滬警備司令部
　　　所在地，特徵得各中立國委員之同意，調派第二
　　　軍所屬第九師之步兵兩營駐紮，以維治安。

（四）上海戰區接收之經過及日軍撤退之程序：

（1）日軍自五月六日起，開始將主力部隊撤退至接連
　　　獅子林、楊行、大場、真如一線以東。

（2）五月九日，日軍由瀏河、南翔、嘉定撤退，
　　　我派警接收。

（3）五月十日，羅店接收竣事。

（4）江灣於十九日接管完畢。

（5）真如及閘北十六日由我接收。

（6）楊行及獅子林砲臺於廿四日接管完竣。

（7）寶山縣及吳淞砲臺於廿六日接管完竣。

（8）淞滬以東，黃浦江以西之區域於廿八日由我派警
　　　行使職權。

（9）截至五月卅一日止，日軍已完全由滬撤盡。

二 日軍撤離經過

上海吳市長來電

民國廿一年五月八日

銜略勛鑒：密。本日下午，我方軍事委員溫應星與日方軍事委員接洽結果如下：（一）嘉定、南翔、瀏河餘留日軍全部於九日上午撤盡，羅店稍遲一、二日。（二）滬寧路蘇州南翔間，可即由路局派員修理。南翔以東亦可修理，惟須持有路局符號併由我方豫將符號通知日軍。淞滬路及吳淞張華濱鐵路工廠之修理，俟原田與日軍當局商洽後，明日下午答復。（三）已由接管委員會派嘉定縣長潘忠甲接收嘉定，嘉定公安局長沈子雲接收南翔，太倉第二區長錢謹槃接收瀏河，寶山縣長孫熙文接收羅店，並通知日方軍事委員飭前方部隊接洽矣。謹先電聞，上海市市長吳鐵城叩，虞（七日）。

上海吳市長來電

民國廿一年五月八日

特急。銜略勛鑒：○密。據日方向共同委員會通告，撤兵程序第一期於魚（六日）日開始，將主力軍部向接連獅子林、楊行、大場及真如一線以東撤退，僅於南翔留團部及步兵一營，嘉定、瀏河、羅店各留步兵一營。第二期將南翔、嘉定、瀏河三處餘留部隊儘佳（九日）日午後一時前完全撤盡。第一期將羅店餘留部隊於灰（十日）日正午撤盡，至第四期撤退獅子林、楊行、大場、真如之線，日期尚未決定，特電奉聞。上海市市長吳鐵城叩，庚八日。

上海吳市長來電

民國廿一年五月八日

特急。銜略勘鑒：○密。（一）陽日（七日）共同委員會在美總領事署開第一次會議，推定美領克寧瀚為主席，並議決該會經費由中日兩國負擔。（二）日委員報告撤兵程序，自魚（六日）日起已開始將主力部隊撤退至接連獅子林、楊行、大場、真如一線以東，祇留瀏河、嘉定步兵各一營，南翔步兵一營及團部，羅店步兵一營及山砲隊一連。至佳（九日）日以前撤盡，其後由中日委員商定報會。特電奉聞，上海市市長吳鐵城叩，齊（八日）。

上海吳鐵城來電

民國廿一年五月十二日

限即刻到。南京汪院長、蔣委員長鈞鑒，羅部長、軍政部陳次長勘鑒：○密。今午共同委員會中日代表磋商，銑（十六日）開始接管閘北事宜，甚為妥洽。日委員聲明日陸軍將於一個月內全數撤離上海，僅留海軍陸戰隊云云。南來北平保安隊務請飭配齊械彈，設法於刪（十五日）前到滬為禱。吳鐵城叩，文（十二日）未。

上海吳鐵城來電

民國廿一年五月卅一日

限即刻到。南京汪院長、蔣委員長鈞鑒，羅部長、軍政部陳次長勘鑒：世（卅一日）申電計達。密。日陸軍已於本日撤盡，惟現尚有日海軍陸戰隊佔在虹口越

界築路周圍之地區，警權未經恢復。又，協定所允日軍暫駐四地點中之甲、丙、丁三區內，亦有若干陸戰隊在內，現正交涉使其撤退，俟有定期，再行電陳。吳鐵城叩，世申二印。

上海吳鐵城來電

民國廿一年六月十七日

限即刻到。南京汪院長鈞鑒，羅部長、軍政部陳次長勛鑒：〇密。淞滬鐵路以東，沙涇港以西，公共租界以北，虹口方面越界築路周圍之地域之日海軍陸戰隊，已於本日上午十時撤退，由我方派警接管該地，日軍均撤入越界築路以內。現除協定所允日軍暫駐之丁區內之警權尚未恢復外，所有本市所轄區域，已完全由公安局行使警權。市行政權亦一律恢復矣。丁區日軍之撤退，正由我方共同委員向日方交涉，俟定期再行續陳。上海市市長吳鐵城叩，篠（十七）。

第二章
日軍進攻熱河

第二章　日軍進攻熱河

第一節　日軍進攻榆關

一　偽警挑釁

北平張學良來電

民國廿一年五月十日

南京外交部羅部長鈞任兄勛鑒：密。據北寧路局歌（五日）電稱：據山海關電信段長報告，四日十時半，由關外車開到滿洲國，山海關警察隊長杉山虎雄率領警士約廿名，多數係日本國籍，於下午五點強佔本站無線電臺院內電報公寓一大間，及電臺材料房一間，經職多方交涉讓出無效，詳情另報等情。正擬轉報間，復據該局麻（六日）電稱：偽滿洲國山海關警察隊長日人杉山虎雄，率警強佔本路山海關站電報公寓及電報房一節，據報續向交涉結果，業於今午全部退出交還等情。特此電聞，張學良，灰秘（十日）。

何柱國來函抄件

民國廿一年六月廿七日

敬陳者。茲將偽滿洲國在我山海關屬境豎立之偽滿洲國旗地點、月日及共插該旗幾面與概要經過，記陳如左：
一、本年四月十九日（國聯調查團由平出關前一日），在北寧路經過之長城關口外側，在鐵道路盤左右各插一偽國旗，至六月十七日將上立兩偽旗取消，同日改立一

偽旗於該關口北側城牆垛上，並有偽警看守。

二、同年六月四日午後五時三十分（國聯調查團由遼進關前半點鐘），在山海關東站之南月臺駐有偽國警察之屋傍，豎立偽國旗一面，時因顧慮調查團換車之安全，未能強迫干涉。

三、同年六月六日偽國貨車兩輛，內住偽警三十餘名，至今停於山海關車站貨廠，插有偽國旗一面。

以上插偽國旗共三處，統係偽警中之日人為之監插，現仍均豎立如附圖。合亟檢同該圖函陳貴代表查供交涉參考。謹致顧代表。

陸軍獨立第九旅中將旅長　何柱國　謹啟

北平張學良來電

民國廿二年一月二日

限即刻到。南京何部長敬之兄、羅部長鈞任兄勛鑒：密。據榆關電話報告，東（一日）晚九時卅分榆關南門有便衣隊數名向城門開槍射擊數發，同時車站日步哨放炸彈壹枚，滿洲偽國警察隊亦放槍拾餘發，日憲兵隊亦放槍數發，旋即停止。何旅派外事科人員前往日憲兵隊詰問，據稱乃華軍射擊，日軍並未射擊，並指出憲兵隊部有彈著點數處為證，同時提出通牒，為防萬一危險起見，要求榆關居民避難，限五十分鐘答復。現極力據理交涉，冀作局部解決等情。除飭積極準備抵抗，一方據理交涉不得稍有退讓外，現此事能否解決，須待明日始能知曉。萬一不幸擴大，良已決心準備貫澈原定方針。謹先電聞，餘容續陳，弟張學良，冬（二日）丑廳機。

二　日軍挑釁及中日軍方交涉

北平張學良來電

民國廿一年十二月九日

提前特急。南京何部長敬之兄、羅部長鈞任兄勛鑒：
密。頃據山海關何司令柱國佳（九日）寅電報稱：（1）
八日午後十時，關外日軍鐵甲車突開至長城缺口，向城
內射擊發砲四發，彈落旅司令部及公安局附近，旋西進
至石河橋樑附近，續繼射擊。前後共十餘發，損傷調查
中。（2）職當時除飭屬嚴行準備外，並電詢日本守備
隊長真相，彼佯作不詳，但希望雙方勿使擴大，並允設
法制止砲擊，旋職派陳秘書往日憲兵隊交涉，據云該甲
車係屬第八師團，因由前所追擊義勇軍，有少數逃入城
內，並於甲車進至長城缺口外時，受我東門外操場之步
哨射擊，故發砲還擊等語。幾經我方答覆，並無收容義
勇軍及發槍情事，操場亦無步哨。日方始允將甲車開至
車站停止，靜候交涉。（3）據鐵路工人云：日軍鐵甲
車開至石河橋樑西端時，先搜索工人及路警住室，詢問
有無軍人，然後即投擲炸彈數枚，復發砲數響，並聞將
附近水樓炸毀，程度不明。現敵之甲車正在停止站內。
職除飭屬沉著嚴行監視日軍行動迄未與還擊外，以待日
出後再與日方交涉，刻地方秩序尚佳，餘容續稟。又據
山海關警備司令部陳主任秘書瑞明電話報稱：（1）八
日晚十時過後，日軍鐵甲車開入山海關車站時，向城內
連開十餘砲。幸未傷人，僅毀建築物若干。（2）經司
令部派員向日憲兵隊轉向落合守備隊長交涉結果，至夜
間二時左右，日方始停止射擊。（3）九日晨又與落合

隊長交涉，落合允轉商第八師團團長，約定本日午後二時當面接洽解決辦法，俟接洽後另行報告。（4）當時我方並未向日鐵甲車開槍，日方開砲攻擊以後，亦未還擊各等情，除復令嚴加戒備，勿使稍有疏虞外，持電奉聞。弟張學良，佳（九日）申廳機印。

北平張學良來電

民國廿一年十二月十一日

南京羅部長鈞任兄勛鑒：○密。頃接山海關何旅長柱國佳（九）電稱：（一）本早六時日機二架來榆低飛偵查。（二）六時半關外八郊堡發現日軍二百餘，向九門口方向前進。（三）九時訪日軍，落合守備隊長來晤，介紹日第五聯隊長豁儀飼，開始交涉當派郝參謀長赴守備隊談判。據稱日方堅迫承認我步哨射擊其來榆上水之車，否則即以關外已展開之步砲兵自由行動，我方據理否認，交涉遂停頓。至五時後發現日方步砲聯合約一團，在關外五眼城、饅首山之線，展開構築工事。當令呂、王兩營向東移動，以備萬一。是時日落合往復周旋，於七時後入城談判，結果已有解決途徑。惟具體條件，須俟職與日聯隊長正式議定。現兩軍在對峙中。（四）昨夜日砲落我城關者，共彈痕十四處，銷毀房屋，尚未傷人等語。查此電所報係佳（九日）日情況，本日據榆關電話報稱：此項事件已可和平了結。除仍飭嚴正戒備務免疏虞，一面據理交涉外，俟據繼續報即再電陳。特聞，弟張學良，真（十一日）子廳機。

軍事委員會北平分會代電附送抄件

民國廿二年一月八日

關於山海關事件一案

昭和八年一月二日大日本北京駐屯步兵隊長粟飯原秀

張學良勛鑒：本月一日晚間以後發生之關於首題事件，

接到敝方軍司令官命令，飭照另紙警告特此傳達：據天

津及山海關方面日本官憲之報告，於一月一日午後九時

過後，日本憲兵分遣隊駐車站日本監視哨所，被中國方

面用手溜彈及小槍彈突擊，因此日本守備隊為保護僑民

起見，正在出動中。至本月二日午前十時五十分，因山

海關貴國第九旅軍之開火，我方軍隊不得已而應戰，中

尉兒玉利雄戰死，傷兵員二名。因此現下山海關兩軍正

在交戰中。

向來山海關附近，貴國軍隊與日本守備隊雖有諒解，惟

常加藐視，而出於不法行為之事例，時所恒有，遂致發

生如此次之重大事態，實屬遺憾。

此事更加發展，無論達到如何結果，其完全責任應由貴

國軍隊方面負之。特將此點嚴重警告張學良閣下

　　　　　　　　　昭和八年一月二日

　　　　　　　　　日本陸軍代表　永津武官

　　　　　　　　　日本海軍代表　藤原武官

軍事委員會北平分會代電附送抄件

民國廿二年一月八日

一日午後九時過後，駐山海關日本憲兵分遣所內，及日

本軍駐站監視所滿洲國警察隊附近，有投手溜彈數個，

且用小槍射擊者。查貴軍現在正向熱河輸送兵力，徒然刺激人心，使其出於反日抗日之行動，由是以觀前項舉動。不得不認為中國方面官憲之計畫的行為也。

我山海關守備隊為實行與駐該處貴軍所訂協定起見，行至南關時，不意貴軍忽出敵對行為，向我軍射擊，致我將校一員戰死，另有負傷者二名。此項事件實發端於貴軍之不法，及不誠意之行動，其責任全在貴軍，無庸贅言，此為帝國軍所不能默視者。

倘前項事件為貴方所預定者，則恐將發生重大之結果，波及於華北全般，其責任完全在貴方，日本帝國軍不負一切責任，特此通告希即查照。

天津駐屯日本軍司令官

三　日軍攻佔榆關始末

北平張學良來電

民國廿二年一月二日

限即刻到。南京何部長敬之兄、羅部長鈞任兄勛鑒：密。冬（二日）丑電計達。續據榆關電話報告：今早十時後，日人因要求我方開放南門，被我拒絕，即有日軍百餘人攀登城垣，企圖爬入，經我守兵實行防禦，未發生衝突。午間日兵車三列到山海關車站，約日軍三千餘人，野砲二十餘門，戰鬥機六架，於午後三時開始爆炸，刻正在戰鬥中等情。除以後情形隨時續報外，特先電聞。弟張學良，冬（二日）亥廳機。

北平張學良來電

民國廿二年一月三日

限即刻到。南京宋院長子文兄勛鑒：何部長敬之兄、羅
部長鈞任兄勛鑒：密。頃據榆關石團長世安下午六時卅
分電報稱，冬（二日）午日兵車三列到榆關車站，約步
兵三千餘人、大砲二十餘門、日機八架、鐵甲車三列，
佔據南關車站及李家溝五眼城吳家嶺之線，對山海關肆
意轟炸，復加飛機編隊爆擊，因之城上陣地城樓均被破
壞，市民傷亡甚眾，敵人並利用木梯爬城，職團官兵奮
勇異常，均用大刀手榴彈與敵格鬥，前仆後繼，沉著應
戰，敵卒不得逞。刻下職團士兵傷亡卅餘名，現仍與敵
戰鬥中等情，特聞。弟張學良，冬（二日）亥廳機。

北平朱慶瀾來電

民國廿二年一月三日

南京外交部羅部長勛鑒：密。東（一日）夜十時，日軍
乘何柱國旅長來平之際，由關外開來甲車數列，載士兵
三千餘人，突向我警備司令部開砲，我軍忍無可忍，為
正當防衛之還射。冬（六日）雙方相持，槍聲時斷時
續，日軍除用飛機擲彈炸斃我城內居民若干外，並炸毀
山海關、秦皇島間石河子橋梁。日軍死中尉一員，我方
損失尚少，何旅長於冬午後抵秦皇島，繞道歸旅部，沉
著應付。截至今日，槍聲尚未止息，密續報。朱慶瀾
叩，江午總喬印。

北平張學良來電

民國廿二年一月三日

限即時到。上海宋院長子文兄勛鑒、南京何部長敬之兄、羅部長鈞任兄勛鑒：榆關事件迭經電達，計荷察及，頃接何旅長柱國冬亥電，敘述更較詳盡。東夜日軍於發動前，先由其憲兵隊自將其室門炸毀，並在他處投彈數枚，同時偽國警察亦在其駐地附近發槍射擊。職當派陳秘書向日方詰詢真相，彼答以不詳，並令我方調查，復提出為避免萬一場合時，令我方居民避難，限五十分鐘答復。十二時許，日方提出條件四項：（一）南關歸日方警戒。（二）撤退南關駐軍。（三）撤退南關警察及保安隊。（四）撤退城上守兵。限即時答復，否則開始攻擊。其復要求開放南門，將南面城牆歸彼軍警戒，我方堅決拒絕，當即按原定計劃配置部隊。此時敵復將我南關外警察繳械，並將馬分局長監視，雙方當陷於對峙狀態中，二日午前八時許，敵方自前衛開來兵車三列，步砲約三千餘名。另由前所開來甲車一列，位置臨榆車站。於十時許即向我開始轟擊，並以飛機向城內投擲炸彈，我方為自衛計，當即還擊。至現在時止，敵發砲約三百餘發，投彈約十餘枚，雙方互有傷人，正在對峙中，等情特聞。張學良，江申廳機印。

北平張學良來電

民國廿二年一月三日

限即到。南京外交部羅部長鈞任兄勛鑒：○密。頃據駐榆何旅長柱國江（三日）電稱：日軍以和平解決為緩兵

計，漸次向榆關車站增加兵力，南海面並來軍艦兩艘。江日上午十時，以攻城重砲協同空、陸各軍集中砲火於南門，全被擊焚，火燄熊熊，戰鬥甚為激烈，同時一部步兵猛力攻擊，並用梯攀城，經我方痛擊，敵人傷亡極重，於十一時許，敵人不支退去。我士氣極旺盛，戰事擴大未可預料。業經復飭激勵所部，敵來即再奮戰力保國土矣。特聞。張學良，江（三日）戌廳機。

北平朱慶瀾來電

民國廿二年一月四日

南京外交部羅部長勛鑒：○密。日軍本日下午二時以陸、海、空軍總攻榆關東門、南門，各落百餘砲彈，南門被燬，一度闖入，當被我防軍擊退，鼓樓亦被燬。因到處投燃燒彈，城內民房焚燬尤多，現我駐軍何柱國司令，親率守備，何有但留一兵必固守之語。我援軍第二十旅已到。又據開魯電稱：日軍有定某日攻開之計畫，我熱邊義軍已分別實施破壞，向敵擾亂中，餘容續報，謹聞。朱慶瀾叩，江（三日）子總喬。

北平張學良來電

民國廿二年一月四日

特急。南京外交部羅部長鈞任兄勛鑒：○密。江日兩電均奉悉。此次日人乘我兵力尚未集中，遽行襲我榆關，我守榆官兵奮勇抗禦，卒以眾寡懸殊，兵器不敵，後方部隊增援又來不及，不得已退出榆關城外。現仍厚集兵力堅固抗禦，後方部隊趕速集中，以便應戰。除將經過

詳情另電奉達外，特此電聞。敬乞詳加指示為盼，弟張
學良，支（四日）丑廳機。

北平何遂、嚴寬來電

民國廿二年一月六日

南京外交部劉次長勛鑒：○密。並請轉呈羅部長勛鑒：
據探員由榆關回平稱：日軍用燃燒彈將臨榆縣城燒成
平地，城外及附近各村均為清掃射界盡量焚燬，人民
以倉卒發難未得逃出，死亡殆盡。現臨榆一帶火尚未
熄，已成人間地獄等語。日軍慘無人道，一至於此，
務乞盡量發布，使世界知悉獸軍行為為禱。何遂、嚴
寬叩，魚（六日）。

四　日圖染指熱河平津的野心

東京蔣大使作賓來電

民國廿二年一月五日

南京外交部，呈閱。德大使來館密告山海關事，日方雖
暫持不擴大態度，不久仍必攻取熱河，英、法態度頗有
利於日本。現日本正極力促成組織北方新政府。俄大使
謂日本前不欲與俄訂不侵犯條約，俄已預備宣布不再商
此約。現內田忽請其稍緩云。第二號電尚未奉復，祈
查復，賓。

（一）第二號——荒木、柳川等對華計畫。

（二）此電因新電本未到故遲呈。

電報科謹註

北平何遂、嚴寬來電

民國廿二年一月四日

南京外交部劉次長轉陳羅部長勘鑒：○密。據報，開灤煤礦工人首領劉某，受偽軍長滕國風委為西路軍別動隊右翼司令。灤州東三鄉保衛團團董張正林受委為左翼司令。俟日軍進攻關內時，與平津便衣隊聯合擾亂內地，並破壞鐵道。謹聞。何遂、嚴寬叩，豪（四日）喬。

東京蔣作賓來電

民國廿二年一月五日

南京外交部（四號）呈閱。今日內田向英、法、美、意、俄大使說明山海關事件經過，並聲明不願擴大，認為局部問題已訓令前方官憲直接與張之代表交涉云，據跟隨記者云：日本遲早必取熱河。賓，四日。

北平何遂、嚴寬來電

民國廿二年一月七日

南京外交部劉次長轉陳羅部長勘鑒：○密。據報：（一）津日領桑島與日司令中村密秘會商，計畫最短期間圖謀平、津，藉以解決熱河。（二）日擬以飛機拋擲火箭將北平燃燒，迫某要人離平。（三）天津日兵有待命出發之準備。（四）綏中有日坦克車七十餘輛。（五）支（四日）晚津日兵營運來液質燃燒物八輛。謹聞。何遂、嚴寬叩，陽（七日）喬。

致北平張學良來電

民國廿二年一月十一日

北平張委員漢卿兄勛鑒：據報，日陸戰隊百餘，九日在秦皇島登陸，日哨兵擴展哨線熱邊，形勢突緊，敵將總攻朝陽寺、牟新、北章營子等處，已開始接觸。敵運坦克車三十輛到榆。將進攻灤州，俾出喜峯口直趨凌源，截我朝陽後路，且可直入平泉、承德等語。前方情況究屬如何，請即電示。弟文〇。

北平張學良來電

民國廿二年一月十七日

南京羅部長鈞任兄勛鑒：據何司令柱國、常旅長經武前後來電轉據探報敵情：（一）敵駐榆關者仍由鈴木旅團，兵力較前增多，且有大批敵人開赴錦義一帶。（二）榆關南、北、西三門均有防禦工事，角山寺西端似有構築陣地之模樣。（三）關外各處，敵人刻正積極購買糧秣，並向各縣徵車。（四）榆城鼓樓附近堆積彈藥給養甚多。（五）榆城各門除南門外皆准人通行，惟檢查甚嚴，城內各胡同口設有沙囊障礙物。（六）秦皇島繁華區，散布多數漢奸，暗窺我軍之行動。（七）鈴木旅團長在榆商會演說，大意謂將來榆關作為中立地帶，日軍撤至綏中、前所一帶，正在交涉中，並言榆關日軍彈藥充足，可支數年之戰鬥各等語，特聞。弟張學良，銑午廳機。

北平朱慶瀾來電

民國廿二年一月廿五日

特急。南京外交部羅部長賜鑒：○密。頃接秦皇島何視察員號（二十）電稱，何柱國司令之別動隊，刪（十五）在駐操捕獲日探二人，有牛角圖章，白地藍格手帕為記，據供：又有一隊派赴熱河偵查我軍行動，乞通知各部嚴防等語。謹聞。朱慶瀾叩，敬（廿四）戌，喬叩。

北平張學良來電

民國廿二年二月十五日

南京外交部羅部長鈞任兄勛鑒：○密。據何司令齊（八）戌、真（十一）戌、文（十二）各電稱：（一）迭據探報，日前角山寺日軍有自相射擊之事，傷亡不詳。（二）敵攻榆指揮官佐藤因指揮不當，傷亡過多，被其第八師團長申斥，於一月感（二十七）日自戕。（三）真（十一）日榆站仍停日甲車一列。（四）榆關敵軍每日在北門裡及柴草市訓練。（五）真（十一）晚敵步兵百四十餘乘車去興城，同夜一時由東來榆偽國軍隊六十餘，著藍呢軍服，各帶自來得槍一枝，聞係張海鵬部。（六）榆西門上修築之砲臺用磚及洋灰等材料現已完成。（七）連日響水、秦皇島情況無變化各等語。特聞。弟張學良，刪（十五）子廳機。

北平遼吉黑民眾後援會來電

民國廿二年二月十一日

南京外交部羅部長勛鑒：○密。據探報告，警備司令于
芷山於五月與王殿忠晤商攻熱計劃，並擬以王殿忠所部
為攻凌南前鋒部隊。又前中俄交涉代表蔡運升，於上月
二十三日由大連赴滿偽國，擬畀予要職，並擬派平施行
離間法術。本月六日榆關敵步兵七百名，向九門口凌南
方面移動。七日有敵兵車一列，載兵士二百餘名，大砲
四門，彈蓬甚多，在前所下車等情。謹此電聞。遼吉黑
民眾後援會叩，真（十一日）步喬。

北平張學良來電

民國廿二年二月十六日

南京羅部長鈞任兄勛鑒：密。據何司令柱國元（十三）
戌、寒（十四）亥兩電稱：（1）錦縣自本月灰日起，
東西均未見敵方運兵。灰（十日）晚由遼到錦鐵道隊
一列車刻尚停錦，聞去義縣。（2）敵第八師團司令部
仍駐錦車站交大院內。（3）日軍在錦預備駐兵房所多
處。（4）敵近日確向榆關補充新兵，駐田氏中學，每
日訓練。（5）榆城內田宅之警備司令部木牌元（十三）
日撤去，宅中駐兵較前減少。（6）真（十一）晚到榆
之偽軍六十元（十三）早復東去，地點未明。（7）敵
人夜間集合代火為號。（8）灰（十）日由東開到綏中
偽軍二百餘著日軍服，同晚到榆彈藥車一列，並向縣府
索大軍，每村隊即送四輛，聞將攻熱，迄未出發，刻
並停征。（9）綏站南日兵營附近，築飛機場，周約七

里，刻華工百餘工作中。飛機四架時來時往。（10）綏站停警備車一列，遊弋錦榆間，以上區間並有甲車三列，往來活動。（11）綏站至南海岸，日軍築馬路，限一月成。（12）綏日兵營內有坑道工事，儲彈藥甚多，兵營周三十餘米，有砲臺六座。（13）綏城東、西兩門緊閉出入嚴查。（14）庚（八）日綏城預備駐兵房所甚多，迄尚未見來兵。（15）文（十二）午後四時起，榆城門忽閉，寒（十四）早始開。（16）榆城內各胡同口，寒日均以鐵網封鎖，只留三條胡同通行，南門有重機槍兩挺、平射砲一門。（17）按各方情形，及前數日票車不通榆關一事，錦縣以東似有軍運。但綏中以西未見大調動。雖有亦僅小部換防，及補充新兵於新城以西，仍屬第八師團第四旅團之部隊各等語。特聞。弟張學良，銑（十六）廳機。

北平張學良來電

民國廿二年二月廿日

南京羅部長鈞任兄勛鑒：密。據何司令柱國銑、篠兩電稱：（一）寒日日軍由錦赴義，兵車四列，兩列步兵係第三十一聯隊之兩大隊，一列係第八師團之炮兵第八聯隊之大部，一列係偽軍步兵二、三百名，漢奸李芳亭在錦尚積極招募中。（二）錦縣現有第三十一聯隊之一大隊騎兵五、六十名，車站駐炮兵約一連，停有甲車及鐵道隊各一列，第八師團長西義一仍駐錦。（三）據聞日軍有先攻北票，然後轉兵榆西之企圖，現已向錦縣、錦西、新民、義縣各要大車五百輛，尚未徵齊。（四）錦

城預備房所十餘處，傳聞由東運兵前來。至刪日尚未見到。真日由大鞍山開通遼兵車一列，約載兵五、六百，聞將攻開魯。（五）錦站木板葦蓆堆集如山，大虎山駐于芷山部偽軍千餘。（六）九門口敵大部及炮兵於銑戌撤向關外，僅留少數步兵及迫砲數門。（七）銑夜十二時派金團探兵，向敵威力搜索，至廟龍口南向九門口發射數槍，敵甚沉靜亦未還擊。（八）銑未榆關敵軍四十餘，偽警數十，大車十餘，滿載物品彈藥向九門口方向前進。按上情況九門口與榆關之敵確為換防，並無如何感行各等語。謹聞。弟張學良，號廳機。

北平張學良來電

民國廿二年二月廿二日

南京外交部羅部長鈞任兄勛鑒：○密據何司令柱國號（二十）戌電稱：（一）本日榆關之敵徵車甚忙，並用汽車將笨重物品運往關外，榆站甲車三列於昨晚開關外。（二）本日巳時東來飛機一架飛繞數周，落著四砲臺附近。（三）據聞錦縣於皓（十九）日曾被我義勇軍一度佔領，斃日軍甚多。謠傳日軍馬以兵車四十列由奉開錦轉往北票一帶。（四）秦皇島日魚雷艦兩艘，於本日未時開走。（五）探悉鈴木第四旅團有向熱河、凌南一帶前進模樣，已在綏中要徵大車二百四十輛，並自皓（十九）日起將貨車停運。（六）聞鈴木旅團集結於綏中，分兩路向熱邊前進，鈴木旅團長日內即到綏中。（七）偵察約十分鐘向東北去，同時日機一架至葉柏壽地方，投四彈，炸傷民眾四人，燬兩處，向東北去。

（八）篠（十七）日敵機四架到綏中，綏站停甲車一列。又據凌南孫旅長德荃咅（二十）電稱，巧（十八）日日軍及偽軍共千餘，攜大車數十，由綏中界郭家莊向西前進。又據凌源于旅長兆麟（二十）號電稱：號午日機一架來凌源城飛繞，並攜敵坦克車數輛各等語。特聞。弟張學良，養未廳機印。

北平張學良來電

民國廿二年二月廿四日

南京羅部長鈞任兄勛鑒：密。據何司令柱國馬、養兩電稱：（一）馬巳東來敵機一架，至我石河陣地偵察數週，向九門口方向飛去。（二）榆關之敵戒備較嚴，四門增哨，嚴詰行人。（三）篠日由潘開錦轉赴義縣日兵車兩列兵，約一聯隊，附長管加農砲四門，載重汽車六十餘輛，係敵第六師團部隊。（四）巧日過錦赴義日兵車一列，聞係第四師團之一部。（五）皓日過錦赴義兩列車，載民車約四百餘輛，並軍用品甚多，錦站刻尚存大車四百輛。（六）偽奉山路票車每日僅開一次，餘車專供軍運，聞敵方續運西來部隊尚多。（七）第八師團司令部仍駐錦站交通大學，日軍令商號趕做饅首。（八）綏中日軍有準備向凌源出發模樣。（九）箇晚由綏中來榆野砲兩門，並來前所日兵百餘名。據開魯崔旅長新五馬電稱：據通遼回探報告，日步騎砲兵共五千餘，張海鵬偽軍共來四個支隊，約八、九千人，通街商農民房均被佔滿各等語。特聞。弟張學良，敬（廿四）叩二廳機。

北平軍平分會來電

民國廿二年三月二日

南京外交部勛鑒：○密（一）據于總指揮學忠養（廿二）日報稱：近日津市日兵秘密增加，其數已漸增至兩千餘名，其來時多化裝華人，分乘汽車、大車、小輪船潛行來津，以篠（十七）、巧（十八）兩日為多。又據憲兵報稱，津日警近偃華人百餘名，分在海光寺及中日各交界地挖掘戰溝。（二）又據感（廿七）參電轉陳師長貫羣報稱：塘沽日兵營工作甚忙，在碼頭東側增築沙袋掩體，營房西側電機房窗戶用鐵板封閉，營院內掘有多數土坑，上敷竹板，更上敷土，並有一鐵絲露出。另有日壹壹號船，載多數槍械，行將運津。（三）據瀋陽諜報員報稱：瀋垣私人暨營業汽車，均被日軍徵發攻熱，民間大車及馬匹亦均被日軍徵發殆盡，多配入砲兵內備用，各等情。謹電聞。北平軍委分會叩，令諜冬（二日）印。

五　日軍繼續挑釁及其暴行

北平何遂、嚴寬來電

民國廿二年一月五日

南京外交部劉次長轉陳羅部長勛鑒：○密。（一）在秦皇島附近海面之我國軍艦，接日海軍警告，限三日前離開該處。昨（四日）日機五架向該軍艦轟炸，有一艘已被炸沉。（二）我軍在離榆關五里外築壘固守，昨日無大接觸。（三）鄭桂林部，將綏中附近之偽奉山路炸燬一段，阻日軍聯絡，並從側面進擊，謹聞。何遂、嚴寬叩，歌（五日）喬。

承德何遂嚴寬來電

民國廿二年一月十六日

特急。南京外交部羅部長：○密。何柱國寒（十四）戌電謂：灰（十日）晨九門口附近，偽警百餘人，日兵繼後，前進與我警戒部隊互戰數小時，敵創頗鉅。旋因敵大部來攻，並以飛機六架協助擲彈，警戒部隊遂撤至預定陣地響水之線，刻尚對峙中。文（十二）日據報張海鵬部約兩旅，現在錦綏一同活動。綏站停甲車兩列、裝甲汽車三輛，前衛日軍徵民車三百餘輛，自灰日起滿站客貨車停運，正在運兵中。日前由秦西開日軍約七旅團，一部往北票附近，大部來九門口之間，並徵車二百餘輛，在前衛下車。現秦皇島情況尚無變化，祈察摘要轉向各方報慰等語。北票方面湯主席已令董旅嚴加戒備矣。謹聞。何遂、嚴寬，銑（十六）叩。

北平張學良來電

民國廿二年二月十八日

羅部長鈞任兄勛鑒：密據何司令柱國銑戌電稱：（一）刪（十五）巳九門口，敵向我響水線發砲柒拾餘發，陣地內落四五發，並無傷人，至午始停。（二）銑早復聞九門口槍聲百餘發。（三）據九門口逃來民眾稱：九門口有東來大車廿餘。日軍向車上裝載物品，同時山上敵砲亦運下，並將通我方道路完全封鎖，似有撤兵模樣，並聞興城附近義軍活動甚烈。（四）銑（十六）榆關城市日軍往來不絕，都統署前停大車廿餘，馱子五，裝載物品，田宅門前停裝甲汽車三輛。（五）榆站新來甲車

一列。（六）榆關日人迫商號提前交納二月份鋪捐。按上述情形榆敵似有換防模樣。（七）現時響水前線敵無動作等語。特聞。弟張學良，巧（十八）申廳機印。

北平宋哲元來電

民國廿二年三月廿三日

南京羅部長鈞鑒、三元巷孔部長庸之兄勛鑒：（一）犯我羅文峪之敵，被我擊退後，現正在半壁山佛爺來以南高地構築防地中。（二）我劉汝明師，乘勢追擊後，派隊掃除戰場，遺敵屍甚夥，在被我擊斃之島村少佐衣袋內，搜出早川支隊由承德向羅文峪出發之命令一件，滿蒙地圖及軍需配置要圖各一張。（三）此次敵人退卻甚形狼狽，軍用物品遺棄滿地，當檢得日本國旗三面，鐵盔百餘頂，輕無線電機一架，槍砲彈無算，其餘零散物品甚多，特聞，宋哲元叩，號（廿）戌參。

遵化宋哲元來電

民國廿二年三月廿六日

南京外交部羅部長鈞鑒：羅文峪方面敵人退卻後，我劉師長汝明，派隊掃除陣地，由陣亡敵屍卅一聯隊佐藤喜男分隊長身上日記本中，載有三月二日日記，由朝陽赴凌源途中宿營，因居民有反宣傳消息，遂將該處居民無論男女老幼，一律殺逐無餘等語。查日人慘無人道，令人痛心，實為我國之大恥。特聞，職宋哲元叩，有（廿五）。

北平朱慶瀾來電

民國廿二年三月卅日

南京外交部羅部長勛鑒：密。頃接薊縣宋明軒主席感（廿七）參感亥兩電如下：（一）董家口外孤山之敵，及鐵門關外之敵，連日經我李九思團痛擊，復經我便衣隊繞其後方，本日均向平泉方面潰退。（二）據確報日人自入熱以來，到處奸淫搶掠，任意屠殺，口外村莊多被屠洗，以致平泉、寬城一帶人民群起反變，刻寬城已被焚燒。（三）喜峯口正面仍有少數敵人，無變化。（四）羅文峪潰退之敵，本日已到白馬川附近，沿途被百姓截奪軍需品甚多。查倭寇前犯羅文峪地方，肆行蹂躪，被我軍擊退後，據士紳陸廣平等哭訴，日軍來時逐戶搜查，糧食傢俱均被掠毀一空。更可慘者，老幼婦女均被姦淫，無一幸免，並槍殺良民馬永、岳長山等八十餘名，言之哭不成聲，倭奴獸行如此，令人痛心，惟有敵無我之決心，以雪此大恥，各等語。特達。弟朱慶瀾，勘（廿八）亥總喬印。

六　中國循外交途徑對日交涉

致日公使重光葵照會

民國廿一年五月廿一日

為照會事：據報告：本月十五日夜十一時，山海關車站東端長城附近，日軍發放機槍步手槍，子彈落在城內甚多，並落公安局院內數枚。南關日憲兵隊放步槍五、六十發後，由該隊走出二日人，在洋灰橋向空放二槍。十二時又由該隊走出三日人，行至興隆街將中國電話桿

刀砍三處。發槍時,並嗾使滿洲偽組織之警察二十餘
名,在大街禁止行人約一句鐘之久等語。查日軍佔據東
北各地迄未撤退,又在山海關方面挑釁擾亂,致使該處
形勢頓形嚴重,倘因此發生事故,應由日本政府負其全
責。茲特提出抗議,應請轉電貴國政府,嚴飭該處日軍
不得再有如上述不法舉動,免肇事端。相應照會,貴公
使查照辦理並見復為荷,須至照會者。

日本公使館照會

民國廿一年六月十八日

為照會事:接准五月二十一日來照。關於五月十五日
夜,日本軍隊於山海關車站東端長城附近開放步槍及機
關槍,子彈落於城內及公安局,又南關之日本憲兵開放
步槍五、六十響,並有日本人三名由該隊走出至興隆街
毀壞中國電桿,且嗾使滿洲警察禁察止通行約歷一小時
各節。業已閱悉。

查此案業經調查,並據山海關日本守備隊長報告如下:

一、五月十五日夜,日本守備隊兵營通告中國當局,
　　由該兵營至長城南翼方面,於南關日本憲兵分遣所
　　內,雖有使用空彈演習之事,然因分攻擊、防禦兩
　　軍實行對抗演習,自不能有使用實彈情事,而事實
　　上亦並無其事。

二、演習使用之武器,守備隊僅為步槍及輕機關槍,
　　憲兵僅有手槍,前者開放空槍二百五十響,後者
　　五十響。

三、來照稱「子彈落於城內及公安局內」一節,經於五

月十八日中日雙方會同實地調查結果，並未發現日
軍開放實彈之證據，其所稱為落下之子彈而提出之
手槍子彈，亦被認為非日本方面使用之物，業經貴
國方面提出確實證據於日本守備隊長。

四、來照又稱「破壞中國電桿，並嗾使滿洲國警察禁止
通行」各節，亦並無其事。業經貴國駐山海關何旅
長柱國，及臨榆縣政府及公安局以公文聲明並非事
實，且對於此等虛報，殊覺使人疑惑。

查來照所開各節，僅為虛構宣傳，證以貴國地方當局聲
明，極為明顯。至謂日本軍隊於山海關方面希圖擾亂，
尤為厚誣。日本軍隊茲特聲明，帝國政府對於此事不負
何等責任，同時對於流布此等無責任之宣傳者，即希貴
國官憲嚴重取締為荷，相應照復貴部長查照。須至照復
者，右照會外交部長羅。

昭和七年六月十三日

日本帝國特命全權公使　重光葵

北平張學良來電

民國廿一年十二月九日

限即刻到。南京何部長敬之兄、羅部長鈞任兄勛鑒：
密。榆關日鐵甲車向城內發砲事，頃經電達計邀察及。
接駐華日本公使館永津武官致本分會榮常務委員函一件
譯文如下：「敬啟者本年十二月八日午後十時過後，有
駐錦州日本軍裝甲列車擬照常赴山海關車站裝水時，忽
被駐長城附近之何柱國軍所射擊，因此不得已而應戰，
山海關日本守備隊遂將該處僑民收容保護於守備隊內，

天津軍亦為保護僑民起見，正在準備必要之行動。何柱國近在山海關，時常侮辱日本僑民，並屢出挑戰的態度，因有前項情形，將恐發生事故，無論發生如何之不幸事情，亦由貴軍方面負責。用特預先警告，即希查照為荷。此致北平軍事委員分會委員榮。昭和七年十二月九日。駐華日本公使館附武官代理永津佐比重啟。」等語。當經復函如下：啟復者，接准貴武官本月九日來函略開，貴方駐錦州軍鐵甲列車於本月八日下午十時過後，擬照常開赴山海關裝水時，突被射擊等因，當即詢，據駐山海關臨永警備司令部復稱：八日晚十時過後，有日方軍用鐵甲車開入山海關車站時，忽向城內連開十餘砲，即經司令部派員向日方憲兵隊交涉，日方謂當時鐵甲車曾被射擊，故而還擊。調查我方軍隊均無向鐵甲車開槍情事。結果至九日上午二時左右，彼方始停攻擊，現正與日方開誠商洽解決辦法中。請商由日本公使館武官知照駐榆日方軍隊，迅與司令部商榷辦法，俾得圓滿解決等語。查我方對於華北貴國僑民無不隨時盡力保護，以維國際條約上之信義，臨永警備司令何柱國向來遵守條約，維持治安，不遺餘力，以故貴我兩方素來尚稱浹洽。今後貴方軍隊如有故意挑釁情事，以致發生意外時，其責當然由貴方軍隊負之。准函前因，用特函復查照，希速知照駐山海關貴方軍隊，迅與該司令部磋商圓滿解決辦法。免再滋生意外事端，是為至盼。此致日本公使館武官永津。國民政府軍事委員會北平分會辦公廳主任榮臻謹啟」等語。除飭各軍積極準備嚴密警戒外，特電奉聞。尚祈詳加指示為盼。弟

張學良，佳（九日）戌廳機叩。

致日本公使照會

民國廿一年十二月十一日

為照會事，據確報本月八日夜十時過後，有日方軍用鐵甲車開入山海關車站，無故向城內連開十餘砲，經我司令部派員交涉，至九日上午二時始停止攻擊。又據秦皇島海關報告：九日清晨有武裝日人多名闖入山海關，海關衛隊二名被毆，貨物被竊，財產被毀各等語。查日方無故攻擊山海關城，並發砲至十餘響之多，又復滋擾該處海關，且有毆人毀物等情事，顯係意存挑釁，擴大事態。值茲中日問題正在國際聯合會謀正當解決之際，而日方竟復有上項舉動，殊屬不法已極。茲特提出嚴重抗議，即希迅電貴國政府，對關於此次肇事者，加以懲罰，並切實告誡該處日軍勿得再有此種情事。以後如因日方挑釁行動，致發生嚴重局勢，應由日本政府完全負責。至於此次中國所受之一切損失，本國政府保留提出要求賠償之權。相應照會貴公使查照辦理，並見復為荷，須至照會者。

東京蔣作賓錄呈致日外相照會

民國廿一年十二月廿二日

照錄致日本外務大臣照會為照會事，奉本國政府訓令內開：據確報，本月八日夜十時過後，有日方軍用鐵甲車開入山海關車站，無故向城內連開十餘砲，經我司令部派員交涉，至九日上午二時始停止攻擊。又據秦皇島

海關報告，九日清晨，有武裝日人多名闖入山海關，海關衛隊二名被毆，貨物被竊，財產被毀等語。查日方無故攻擊山海關城並發砲至十餘響之多，又復滋擾該處海關，且有毆人毀物等情事，顯係意存挑釁，擴大事態。值茲中日問題正在國際聯合會謀正當解決之際，而日方竟復有上項舉動，殊屬不法已極，應提出嚴重抗議，要求日本政府對於此次肇事者加以懲罰，並切實告誡該處日軍勿得再有此種情事，並聲明以後如因日方挑釁行動發生嚴重局勢，應由日本政府完全負責。至於此次中國所受之一切損失，本國政府保留提出要求賠償之權等因，相應照會貴大臣，請煩查照見復為荷。須至照會者，右照會日本帝國外務大臣伯爵內田康哉閣下。

中華民國特命全權公使　蔣作賓
中華民國二十一年十二月十一日

日本公使館照會

民國廿一年十二月廿九日

為照復事，接准本月十一日來照關於山海關射擊一案，業經閱悉。查該案之真相，乃係日軍裝甲列車於本月八日下午十點十分因添裝炭水，向奉山鐵道山海關站前進，途中在長城附近突遭貴國軍隊射擊，裝甲列車遂不得不予以還擊，關於此事貴國地方軍事官員認係錯誤，業於本月十日由貴我兩方地方軍事官員予以解決。貴方抗議諒係出於誤會。又來照所指闖入海關一節，據日本地方官實地調查之結果，當肇事時，該處全體日僑

業已遷至日本守備隊及憲兵隊內，自不能指日本人為
該案人犯，此節業由該處日本地方官通知貴國主管官
員，諒已得悉。相應照復貴部長查照。須至照會者，
國民政府外交部長羅。

日本帝國特命全權公使　有吉明

昭和七年十二月二十八日

日外務大臣致蔣作賓照會

民國廿一年十二月廿九日

亞一普通第四七號，為照會事，准本月十一日申字第
三三三號貴照，內稱奉貴國政府訓令，轉達關於本月八
日，在山海關射擊事件各節，業經閱悉。惟此事之真
相，十二月八日我軍裝甲列車，為補充炭水，而向奉山
鐵道山海關站進行。午後十時十分在長城附近，突遭貴
國軍隊無故射擊，我方不得已而還擊一層，既經該地貴
國官憲承認其非，十二月十日向日本軍深為謝罪。故帝
國政府認為此事既經貴我地方軍官間解決者，所以對貴
國政府，未出以何等措置。但此事之非，全在貴國方
面，事屬顯然。而貴國政府，由貴照提出抗議，可謂完
全曲直倒置，帝國政府礙難容認。再貴照又稱，日本人
闖入山海關稅關一層，據駐天津帝國總領事館，派員
調查之結果，在事件發生之當時，僑居之日本人，悉
數遷至我守備隊及憲兵隊內，是日本人無從為此事之
犯人。再關於此事，業經駐津總領事館，向秦皇島海
關陳述在案，想貴國政府亦已得悉。為此照復，即希
報告貴國政府為荷。

中華民國特命全權公使　蔣作賓閣下
外務大臣　伯爵內田康哉
昭和七年十二月二十二日

致日本公使照會

民國廿二年一月四日

為照會事：迭據報告，日本軍隊在此次榆關事變發動前，先由其憲兵隊，自將其南門炸毀，並在他處投彈。遂於一月一日下午九時三十分令其便衣隊在榆關南門，實行向城內開槍射擊，同時車站日步哨放炸彈一枚，日警亦放槍十餘發，日憲兵亦放槍數發，經我駐軍派員向日方詰詢真相，未獲滿意答復。而日方反提出無理要求，經我方拒絕。此時日軍已將我南門外警察繳械，將馬分局長監視。二日午前八時許，日方由前街開兵車三列，步砲兵約三千餘名、大砲二十餘門、飛機八架、甲車三列，佔據南關車站及李家溝、五眼城、吳家嶺之線。十時許，即向我開始轟擊，發砲約三百餘發，並以飛機向城內投擲炸彈約十餘枚。三日上午十時，日軍又以飛機，向臨榆關城內作大規模之爆擊，並連絡甲車山野重砲連合之砲兵及海面砲艦，內我南門猛烈射擊，致城內起火，破壞甚鉅。同時日軍唐克車，又在其炮火掩護之下，向我南門猛攻。我軍為自衛計，竭力抵抗。至下午三時許，將南門衝破，我軍退出城外各等語。查此次日本軍隊，在榆關之種種行動，顯係預定之計畫，實屬有意擴大事態，違反貴國代表迭次在國際聯合會之諾言。為此提出嚴重抗議，照會貴公使查照，轉電貴國政

府，迅飭該處日軍，即刻退出榆關，嗣後不得再有此種
舉動。對於此次肇事者，加以嚴重處罰，至我方之一切
損失，本國政府保留提出要求之權，並希見復為荷。須
至照會者。

劉次長會晤駐華日本公使館上村參贊談話紀錄
在　　座
時　　間：民國二十二年一月八日下午四時○分
地　　點：南京
事　　由：山海關事
上　　村：今日純以私人資格來訪，送得日本政府確電，
　　　　　對山海關事件已發命令，前方軍隊除被中國軍
　　　　　隊攻擊外，不得再進一步出於一月四日陣地以
　　　　　外。此次山海關事件，非日本政府預想所及，
　　　　　日政府之意，並擬撤回軍隊，正與各方電商，
　　　　　將來當有具體事實，以上兩事係以個人資格來
　　　　　說，請對外不必發表。
劉次長：此語報告羅部長可乎？
上　　村：自應報告羅部長，但請勿對外發表。
劉次長：貴參贊所云，四日陣地是否指在山海關被佔時
　　　　　之狀態。
上　　村：然，日本決無擴大之意，但望中國軍隊勿再有
　　　　　攻擊之舉動，甚望中國政府諒察此意，事件不
　　　　　再擴大
劉次長：今據貴參贊所云，日政府與日本軍隊如此不統
　　　　　一不聯絡，本次長實難了解，此次事件果非日

政府所預想，可知其必非合理，撤退軍隊恢復原狀，則一了百了，蓋處於今日情勢，惟有日本即速自動撤軍最為省事，如欲由中國方面獲得任何約束等具體表示，定難做到。現在該處日本軍隊仍是繼續的動作，中國軍隊自難坐而待斃，必有相當對付準備，亦無庸諱言。日本政府果係有意息事寧人，應對前方嚴加訓令，要之今日之事全在日本方面之如何覺悟而已。

上　村：張學良氏有三旅派駐關外，上月三十、三十一兩日日本使館館員與張氏直接磋商，以駐軍三旅與日軍接觸太近，恐有衝突危險，勸其退至著彈距離之外，張氏以軍事行動係奉中央命令不能擅退為辭。

劉次長：張氏之言甚當，中國軍人決心拚命守土，自不能擅讓尺寸之地也，張氏地位惟有遵從中央命令，不能有單獨行動。

上　村：日本在滿洲應辦之事已多，故對平津決無侵入之意，平津外人關係至密，且秦皇島一帶有英國利益關係，異常複雜，日本縱得平津，無論就何方面均無益處，請中國了解此意。

劉次長：以上各節，貴使館武官曾向軍政部述及否？

上　村：曾已述及，惟不如是之詳。

日本公使照會

民國廿二年一月十二日

駐華日使來照外第一號

為照會事：准本月四日來照內稱：關於山海關事件各節，業經閱悉。此事據我方調查之結果，因本月一日下午九時二十分，有人向山海關南關日本憲兵分遣所內，及日本軍驛監視所等處附近投擲手榴彈數個，且開槍擊射該處，日本守備隊以大多數日本僑民居住其間，慮有萬一須保護僑民，同時依據關於交還天津換文所定之彈壓治罪權，而搜查逮捕上述犯人，故遣派小部隊於南關，並一面與中國方面軍憲成立協定。正在執行上述任務之際，南門臨時歸我方處理，嗣已得平穩經過。惟二日上午十一時我方為欲實行上述協定，突被中國軍隊擊射，兒玉中尉陣亡，並傷兵士兩名，日本軍對於中國軍此等顯係不法而背信之行為，於自衛上不得已施以還擊。本案之事實既如上述，所有一切責任屬於中國方面，自不待言。我方關於此事，茲保留提出要求之權利。相應照請貴部查照，須至照會者。國民政府外交部長羅。

日本帝國特命全權公使　有吉明

昭和八年一月十一日

上海吳鐵城來電

民國廿二年一月十四日

限即刻到。南京外交部羅部長鈞任兄勛鑒：○密。本日日使須磨書記官，奉有吉命來晤謂：現日內閣與軍部意

見已趨一致，較前平和，迴非潘案發生時比。對於榆案，認為係地方衝突事件，不欲擴大，已訓令前方軍隊令勿進展，希望雙方前線軍官從速協議，就地解決，若仍放任，恐滋生枝節，不可收拾。又撼謠傳四端：（一）中央現調八十八師進駐崑山、黃渡以備對日。（二）中央黨部已訓令各地黨部從事大規模抗日運動。（三）滬市商會訓令各同業分會一致抗日。（四）滬報界公會決議開始反日宣傳。詢問真相。鐵城當以個人資格，友誼的答覆如下：（一）中央有責任地位者，無一人望對日關係較今更為惡化，唯以日軍事行動無止境，事態擴大至何地步均甚懷疑，不免憂慮。（二）榆案多認為日方有計劃之行動。而非偶然衝突，故不能作任何有條件之地方解決。至所撼謠傳則：（一）八十七、八師原駐京滬路蘇、錫、常等處，此次調動係返原防，且無開至崑山、黃渡之事實。（二）中央黨部最近並無訓令抗日之事。（三）市商會之訓令係照例文章，並無具體行動。（四）報界決議反日宣傳亦無其事。須磨又詢榆案有無解決良法，當答以據個人所見，日方既認榆案係地方衝突，若訓令日軍退出至元旦前原防，先取信於天下，然後方有解決之方法也云云，乞轉陳宋代院長為禱。吳鐵城叩，元亥（十三日）。

致日本公使照會

民國廿二年一月廿二日

為照會事：關於山海關事件准本月十一日貴公使來照，業已閱悉。查此事本部為求真確起見，曾經再飭詳查其

所得結果如下：

本月一日上午，日本守備隊已有戰鬥準備，北寧鐵路山海關外正在運兵，下午一時餘，南關外有轟炸及槍聲，查係日方自己到處發射。嗣日方向我南門外步哨射擊，哨兵退入城內，彼復向城門開槍兩排，經我駐軍派陳秘書向日本憲兵隊詰問，彼反誣為我軍所為。是晚日本守備隊已出動，南關關外日本鐵甲車及兵車已停站外。翌晨早二時日軍反向我提出無理條件，並要求立即承認，否則開始奪取，當經我軍拒絕。而日本此時竟將南門公安分局馬局長扣留，二日午前十時起，竟開始海陸空軍聯合攻擊，三日下午日軍佔據臨榆城，此乃事變之真確事實，並無所謂協定。

根據以上事實，當時擲彈開槍者，確係日方，中國駐軍與日本軍隊並無任何協定，已屬毫無疑義，至山海關地方並非通商口岸，日本人民原無在該處僑居之權，縱日僑不遵約章而至該處，保護一節亦應由該管中國官廳辦理，日軍何得越俎代庖。而日方竟又濫引所謂彈壓治罪權，為調集大批軍隊攻擊中國領土之藉口，其背情違理尤為顯然。

總之日本軍隊此次攻佔山海關城，始而自加破壞工作，繼即誣指中國方面予以挑釁，以掩飾其預定之計劃，此種沿用之慣技，早為舉世所共知，所有一切責任自應完全由日方負擔。

來照所稱各節既非事實，尤多附會，本國政府萬難承認。再日本軍隊最近佔據山海關後，復在九門口等處，攻襲我國駐軍，威脅關內治安，並在北平等處，時於人

煙稠密地方持械遊行及舉行作戰演習。凡此舉動，不獨
違反國際公法及中國迭次指出之重要國際條約，即對於
一九○一年各國約定之條款，日方亦復積極破壞。茲特
併案提出抗議，照會貴公使即希查照本部本月四日去
照，轉電貴國政府迅飭現在佔據山海關及其附近之日
軍，即行撤退，嗣後不得再有此種舉動，嚴重處罰此次
之肇事者。並對於北平等處之日軍嚴加約束，勿令再有
妄動。統希見復為荷，須至照會者。

致日本公使照會

民國廿二年四月廿七日

為照會事：查日本政府按照預定計畫於本年一月間派遣
日軍攻佔山海關，復在九門口等處侵襲中國駐軍，三
月間又派大批軍隊攻佔熱河，迭經本部於一月四日及
二十二日、三月二日及二十四日提出嚴重抗議，並指明
日本政府攻佔山海關及熱河，應負責任在案。乃日本政
府近更調集重兵向中國河北省境積極進攻，似此肆意侵
略，破壞中國領土主權，實屬違法背理，應與其侵佔東
三省、山海關及熱河之暴舉擔負同樣責任，中國政府特
提嚴重抗議，相應照請貴公使轉電貴國政府查照，迅將
該項非法攻佔東三省、山海關、熱河等地暨現正進攻河
北省之所有日本軍隊，及受日本軍隊指揮之武裝隊伍一
律撤退為荷，須至照會者。

日本公使照會

民國廿二年五月九日

為照復事：按准上月二十七日照稱關於日軍在河北省境之行動事，業經閱悉。查來照所引一月四日及二十二日、三月二日及二十四日各照會，業於一月十一日、二月二日、三月二十日各復文內將我方之立場分別聲述在案。日軍因日滿議定書之關係，其目的在與滿洲國協力確保該國國境之安全，並無肆行侵害貴國領土主權之意，乃貴國軍隊及非正式軍隊攻擊日軍，將侵入滿洲國之國境。日軍因其本身之自衛及確保滿洲國國境之安全起見，遂不得已而採取必要之行動，故貴國方面如停止上述之不法攻擊，則問題自可解決矣。至本案因貴國方面之不法攻擊所生之結果，應由貴國方面負其責任，合併聲明。相應照復貴部長查照。須至照會者。國民政府外交部長羅。

日本帝國特命全權公使　有吉明
昭和八年五月八日

七　各國對榆案的態度

外交部就榆關事件發表宣言

民國廿二年一月四日

查日軍此次攻擊並佔據山海關城，為其預定計劃，至為顯然。其先行自加破壞工作，然後誣指中國方面予以挑釁，此係日軍沿用之慣技，早為世人所看破。日方此次舉動，發生於世界正在休假，國聯又值停會之際，尤足證明其故欲乘此時期進行其預定計劃。

國聯迭次決議，不得再行擴大事態，此項決議並經日本
政府之同意，乃日本幾無時不擴大其侵略行動，現在竟
將東省長城以南之第一險要城市，突然佔據。其後威脅
平、津、熱河，影響尤大。中國政府認為國聯應迅即以
最有效之方法，予以制裁，同時中國軍隊，仍當盡其力
量，抵抗日軍之暴行。

外交部長致上海宋院長

北平張學良函　民國廿二年一月六日

上海宋院長、北平張委員漢卿兄勛鑒：密。頃接顧代表
電稱，頃晤法新外交次長柯德談東案，告以榆關事起，
益見調停無成功希望，亟宜另行設法。中國固急圖恢復
失地，同時亦欲保存國聯，柯謂現調停絕望，祇能逕援
盟約第十五條第四節提出最後報告，鈞請其注意中國所
提各點，尤以規定期限與宣布日本罪狀為要。柯謂此次
日來弗開會，擬即規定期限，並根據李頓報告書，對日
本之行為下一判斷。鈞謂若無制裁辦法，仍不能維持國
聯之尊嚴，柯謂現分兩步，先竭第十五條之能力，後商
第十六條之施行，但軍事制裁不成問題，經濟制裁須美
國參加，渠意各國若能一致抵貨，不及半年，日必屈
服。問鈞美國態度有何消息，鈞謂美國態度顯明，祇要
國聯先下判斷，其對制裁辦法，深願協商一致進行。柯
謂法國右派報紙未免袒護日本，頗不以政府態度為然，
但經說明法對東案不問根本是非曲直，其對盟約與非戰
公約不得不竭力擁護。右派責政府為漠視安全問題，但
盟約為安全保障之一，焉能任日摧毀。彼又詰政府以第

十六條為不足恃，但非自第十五條至第十六條逐件試驗，不能知其可恃與否，現在左派操權在國會為大多數，所見與政府一致。至國聯方面，法國不便出面主動，擬由赤哈提議。鈞問英國方面已否接洽亦屬要著，柯謂自最近山海關事起後，即是英政府亦難再持調停政策矣。鈞謂近日傳聞日方擬在法借債，且定大批軍械為誘，柯答借款不確，軍火事亦不若外傳之甚，但一經國聯報告判斷後，不特新貨難購，即舊合同亦須停止執行云。查柯氏向為院國聯代表之一，日內又須赴日內瓦代表法政府。聞今晨接見鈞前，曾與首相密商答復大旨。又昨日鈞訪赤哈公使表示謝忱，並談東案請繼續主持公道，渠所談與法外次所云由赤哈動議各節，大致相符。至鈞所述美國最近態度，係根據日昨訪美大使談話所得，並聞此次日攻榆關，各國似頗張皇，以為日本逼人太甚，予各國以難堪，默察法外次語氣可見一斑，東京洞見此中關鍵，故昨今日方盛傳，日政府視榆事為局部問題，不致擴大，深願局部解決云云。鈞以為此時我方應堅持陳議，盡力抵抗，以示我決心，而壯國聯之氣。俾乘此時機收外交上之功效，不宜狂悖委曲局部了事，益張日軍氣焰，而增國際譏笑，請察核等語。查顧代表所述與柯德商洽情形，關係至重且鉅。而其詳察國際情勢，請求盡力抵抗，尤為扼要之圖，業經電達張委員漢卿，請其查照本部迭次去電繼續奮鬥，以振頹勢而為外交後盾，轉電奉聞。值茲國勢阽危千鈞一髮之際，允宜查照迭次去電，激勵將士為國盡忠，必具沉舟破釜之決心，斯能驅強敵於境外，維持民族榮譽。實行外交後

盾，在此一舉。亟盼督率將士竭力奮鬥，並電復為荷。
再尊處魚丑電所稱日方各種惡意宣傳，本部已電令駐外
使領予以辯正。附聞。弟羅文○，魚。

致英美等使館節略

民國廿二年一月十日

查日本軍隊非法利用一九○一年條約之特殊權利，攻
佔山海關城，屠殺該城內外數千和平無辜之中國人
民，並損失無數財產。又在山海關附近及沿北寧鐵路
一帶大隊集中。英國（美國、法國、義國、比國、西
班牙、和蘭）係該條約簽字國之一，中國政府應請英
國政府注意。
在上述情形之下，中國政府不得不聲明，中國防禦軍
以欲施其抵抗日本軍隊侵略行為之正當權力所發生之
任何形勢，在法律上或事實上，中國政府均不能負其
責任。須至節略者。

北平張學良來電

民國廿二年一月十日

提前限一小時到。南京羅部長鈞任兄勛鑒：密。請飭密
譯。頃據于主席學忠佳電稱，昨晚英館邀宴晤英代
辦，據稱，彼個人意見極盼榆案得有調停辦法。擬仿照
滬案成例，由英、美、法、意四國出任調人，欲探我方
意旨，當答以盛意極可感，惟日方如肯恢復原狀，方有
商量餘地等語。竊意我方對日原無退讓之理，英人鑒於
我方近取積極態度，似深以事態擴大為憂，彼既有意著

手進行，我方應如何迎機運用，敬候鈞奪等語。又據何司令柱國佳午電稱，八日來英國海軍艦長及日本海軍津田司令，均欲調停榆事，並秦皇島日守備隊長轉來落合隊長一函，意在試探我方意旨，職均答以此事非我權限所能解決，但若有中央政府之命令及第三者之安全保障，則未嘗不可進行和平交涉等語。昨夜據開灤礦轉來津田司令電話謂：交涉事已由日政府命駐津中村司令負責進行矣，謹電密聞等情。默察各方情況，日方似有欲進行和平解決之趨勢，但日人狡計百出，有無其他作用，殊不可知。究應如何辦理，敬乞迅電示，俾便率循為禱。弟張學良，蒸丑廳機。

華盛頓施公使來電

民國廿二年一月十六日七時廿分發

南京外交部。關於山海關事件之致美國照會（日本非法利用辛丑和約，攻佔山海關，美國係該約簽字國之一，中國請美國注意。對於因防禦而發生之任何形勢，概不負責）。及徐次長與貝克之口頭聲言（徐次長面交致美國照會於參贊貝克時，並稱：日本非法利用辛丑和約，各國應迫日本，不得濫用此項權利，日本宣傳交涉，完全不確等語）。美外部向余稱：山海關事件，應視為中日兩國間衝突之事件，並非根據辛丑和約規定所發生之事件。倘竟發生涉及該和約規定之事項，自將依據該和約所規定之正當權義，對該事項予以考量，余提及和約所規定之駐兵，亦參加攻擊。彼謂事變發生伊始，駐兵雖被牽入，但攻擊之舉，則係錦州開往之軍隊，及海

軍、空軍所為。渠以為我方真意，實以北平、天津方面
可能事態之進展為慮，即第二句所包括者。此電已轉日
內瓦，基叩。

北平張學良來電

民國廿二年一月十八日

南京外交部羅部長鈞任兄勛鑒：密。據何司令柱國篠
（十七日）亥電稱，今日英艦長及開灤經理齊爾頓來
訪，似受日方之暗示，特來撮合，英艦長直言及政府命
設法安排使兩方軍事長官直接見面，並負安全保障之
責，齊經理則要求我方哨兵勿到鐵路線，日方哨兵亦絕
不到車站，以免衝突等語。職答以榆事須照下列三原
則，方可進行：（一）日方須先交還榆城。（二）交涉
須經過國聯參加。（三）交涉須由中央主持進行。並力
述日方欲以責任歸於華方一點絕難承認。至秦島對峙情
勢，非到榆關事解決不能解決。本人雖願和平，但非有
中央命令不能進行交涉等語。除電復妥慎應付外，特
聞。弟張學良，嘯（十八日）午廳機。

八　民間各方抗日意見

西南各省國民對外協會總部通電摘要

民國廿二年一月八日

電以榆關失陷，平、津、熱河告急，榆關事變，萬勿視
為局部問題忍辱退讓。並懇政府：（一）迅即決定澈
底抵抗政策與日絕交。（二）嚴飭前方將士立即恢復榆
關。（三）檄調大軍增援榆、熱，並充分接濟義軍云。

覃必古陳承謨來電

民國廿二年一月十日

南京外交部第一號十日。部次長鈞鑒：墨京國家大學學生反對日本對華政策，向該公使示威，被拘多人，可否密飭國內學生團體致電慰問，謹電陳，乞鈞裁。駐覃必古領事謨叩。

上海各團體救國聯合會代電

民國廿二年一月十二日

南京國民政府林主席、軍事委員會蔣委員長、行政院宋代院長、外交部羅部長、軍政部何部長、參謀本部朱部長、北平軍事委員分會張委員長、太原閻主任、廣州陳總司令、南寧李總司令、廈門蔡綏靖主任暨各將領公鑒：暴日逞其大陸迷夢，得寸進尺，此次榆關事變，固早在吾人意料之中，曾再三以實力抵抗為請，乃政府徘徊歧途一誤再誤，東北既陷於不可收拾之境，華北亦瀕於岌岌危殆之中。現悉倭人毒計，對於京鎮粵魯均將次第進擾，決心掀成世界大戰，以取快於一時。諸公負干城之重寄，繫全國之安危，處斯危局，詎容偷安。國亡固無以對後世，不亡豈能告無罪於國人，萬望速下決心，即日宣布對日絕交。一面簡派勁旅會師熱榆，進擊遼瀋，收復失地，一面充實邊防，杜絕覬覦，庶幾完金甌於既缺，固湯城於未焚。存亡之機在此一舉，臨電急迫，幸賜明教。上海各團體救國聯合會常務理事李次山、劉士熊、談百質、蕭炳、章俞康、馮少山、吳半歷、胡祖舜、殷芝齡叩庚。

巴達維亞宋總領事發祥來電

民國廿二年一月十六日

南京外交部請轉電北平紅十字會鑒：十日電悉，迭經勸
諭僑胞踴躍捐助，惟中央黨部電令，擬將捐款購買飛
機，正合僑胞本意，已囑酌撥一部份滙寄貴會，此電請
勿發表。駐爪哇總領館宋十六日。

第二節　日軍向熱河挑釁

一　日軍攻佔榆關後之動向

致北平劉崇傑電

民國廿二年一月十三日

北平劉次長子楷兄勛鑒：密。本日上村來部面稱，日軍佔據九門口，恐我軍截斷榆關日軍之後路，現日本政府並無擴大事態之意，亦無攻取熱河計劃，但如我方挑戰，彼必前進，或如我軍繼續積極佈置，以熱河為根據地擾亂東省治安，則日方必犯熱河，弟答以我方集中軍力為抵抗日軍侵略之當然步驟，不論何時何地，如日軍來攻我必全力與之周旋。上村又謂榆關事日方認為局部問題，如中國方面有何提議，彼方極願討論。又詢兄北上是否負商議使命，弟告以中國政府視榆案為整個中日問題之一部，至我方要求，已於本月四日照會內說明，即日軍迅即退出榆關，現在日方祇須照此辦理。對於兄之任務，弟謂祇在視察當地情況，事畢即回京等語。弟謨，文。

北平劉崇傑來電

民國廿二年一月十四日

南京外交部部長勛鑒：○密。張委員面告得探報，是日東京閣議，荒木以我方積極準備，主張下動員令，不知究竟如何等語。特聞。傑，寒（十四）巳。

二　日軍在朝陽寺向華開火

致北平張學良電

民國廿一年七月十九日

萬急。北平張主任勛鑒：密。據十八日路透電，東京傳出消息，熱河軍隊與日本軍隊在朝陽發生戰事，其起因為熱河軍隊捕一關東軍聯絡員石本，日方即向湯主席嚴提抗議，繼復用鐵甲車載派軍隊自錦州赴朝陽現尚在激戰中等語。真相如何？希速電覆，外交部。

三　日軍有意擴大事變

北平劉崇傑來電

民國廿二年一月十八日

外交部羅部長、徐次長勛鑒：○密。上村、須磨之言當是煙幕，攻熱延期之說，明係緩兵之計，尤不足信。此次我方各軍出發迅速，向來所無，足見士氣踴躍。榆關以南第一線為東北軍，商、高、龐、宋各軍，分駐灤河、古冶、塘山、三河縣各地。據聞給養兵器不足，天氣又冷，最為可慮，坂垣、鄭垂等在津活動真相欠明，弟擬日內抽空赴津晤于主席及政之、達銓等。政府意是否令弟暫留北方，抑應即行回京，統候電示遵行。聞中央昨滙張一百萬元，並聞。崇傑，巧（十八）十四號。

致北平劉崇傑電

民國廿二年一月十九日

劉次長勛鑒：密。接上海吳市長皓電稱，據確訊，日侵熱河現正著著進行，發動期似在三月初旬，其作戰計劃

仍如前定，以偽國軍隊為前驅，日軍在後方，仍密向平、津工作，期減少攻佔熱河之困難等語。特聞。並請轉告張委員，外交部。

北平張學良來電

民國廿二年一月廿日

南京外交部羅部長鈞任兄勛鑒：密。頃得東京極可靠方面密報，探日當局真意，榆關案不擴大，熱河現緊急，已由此增派二師往援，以為我不放棄，彼必拚死奪取，意極堅。等情。特密聞。弟張學良，效（十九）甲廳機印。

熱河湯玉麟來電

民國廿二年一月廿五日

南京軍委會蔣委員長、軍政部何部長、外交部羅部長、參謀本部賀次長、黃次長、北平軍分會張委員長鈞鑒：○密。據開魯崔旅長養電稱，養（二十二日）日午前來敵機三架擲彈十餘枚，又來三架擲彈十餘枚，炸毀民房數處，炸死男女老幼二十餘口，牲畜無算，並炸斃民眾後援會辦事處護兵五名，炸毀無線電臺一部。漾（二十三）日午前一時先來日機五架，午後二時又來四架，共擲重量炸彈七、八十枚，炸毀玉隆泉燒鍋房屋二十餘間，炸斃夥友五名，傷二名，炸斃騾馬十餘匹，損壞物件不計其數。又炸毀榮慶泉燒鍋房屋五間，炸斃夥友五名，馬一匹。檀軍司令部炸斃軍人三名，傷七名，興業銀行炸毀庫房十五、六間，後援會辦事處炸斃

衛隊郭連附一名，百姓傷亡不下五、六十名之多，毀壞
房屋不下數十間，一時火焰四起，死亡枕藉，慘不忍
睹，若不嚴重抗議，恐開魯一城盡成灰燼矣，各等情。
查日機暴行，實難忍受，除逕飭該旅長嚴加戒備外，懇
請提出抗議，嚴重交涉，以後對於敵機轟炸究應如何應
付，請示祗遵。職湯玉麟叩，有（廿五日）參。

致北平張學良、劉崇傑電

民國廿二年一月卅日

北平張委員、劉次長勛鑒：密。據確報，日軍西、廣
瀨、鈴木即第八、第十、第十四，三師團，留守隊約三
萬人，本日起分廿四列車，一週內陸續過釜山，經朝鮮
京城開往東三省，謀攻熱河。外交部，卅。

四　日軍侵熱陰謀
北平張學良來電

民國廿一年十二月三日

漢口蔣委員長鈞鑒、上海宋院長子文兄、南京何部長敬
之兄、羅部長鈞任兄勛鑒：密。頃據承德湯主席感已參
電稱，頃據職軍騎兵第一旅長宋國增報稱，頃據第二團
團長宋萬里報稱，頃據探報，日本急欲行其滿蒙政策。
近日派出熟諳中國語言文字之日人多名，附以華人潛赴
各王旗，秘密運動。以便將來攻熱之時，用為內應。庫
倫之白喇嘛確已受其聯絡，並聞已派有專人在奉天接
洽。並據派赴敵方之偵探張子生報告，有華人陸級三
者，係北鎮縣人，前隨闕都統曾來過熱河，現在打虎山

日軍官黃木處充任科長，近日由其洩出消息，日本因熱河交通不便，故緩進攻，現由遼寧兵工廠及其本國各廠趕造載重汽車五千輛，每輛可載陸軍二十名，並裝設機關槍二架、新式七生五口徑砲一門，車之周圍護以鋼板，上用鐵棚以避槍彈，以備為將來分路攻熱之用等情。查日軍近來外表對熱似不注意，而內實具圖熱之決心，因戰具未備，故示以冷淡之意，以使我軍懈而不備，用心之毒，可謂極矣。除令該探仍往潛查，並傳令各防嚴加注意外，謹特稟陳。除轉飭該團仍應派探確切調查隨時報告外，謹電稟陳等情。除飭該旅長仍應飭屬偵察續報並通報外，謹電奉聞。又儉（廿八）電稱頃據董旅長福亭漾（廿三）申電稱，據派密探李春林由錦回報，十一月十七日探得錦縣撥日軍五十餘名，及重砲四門，手提式機槍十支，開往義縣，十八日探見錦廠飛機共八架，其餘調往江省，十九日錦車站日軍運到給養十餘大車，用載重裝大米十五車，又十餘車用草色蒙蓋不知何物，均卸至汲衛衛軍團部，廿日探有朝屬□家燒鍋廠棚溝匪民曹慶雲、李孟春二人，往錦日軍憲兵司令部，皆充攻熱司令，往石站大凌河甸招隊，每名騎兵十五元，步兵十五元，意想招成六旅，連同日軍三旅進攻熱河，此係探得確實。廿一日由綏開錦日軍五十餘名下車住第八師團部，內有中國人。又探准日方兵力仍三百餘人，是日飛機去朝東蕭家府各一架擲彈一、二枚，偵察路過廿家子，探明漢奸李守林、竇洪彬二匪，因人數不足，日方未發給服裝子彈等情。又據朝姜公安局長報，據張巡長探報，羊山大凌河南蕭家府一帶被日

匪竄，在該處號召二、三十人，聲稱預備取朝攻熱等
情。查隨日匪民在錦票路附近及赴錦大道缸窰嶺一帶，
均屬不少，將來恐成鉅患，不堪設想。惟此刻取締不
得，若嚴加驅逐又恐愈迫歸日。除飭所屬嚴加防禦，
並仍派偵探外，謹電報聞等情，據此。除飭賡續偵報
以憑轉呈外，謹電奉聞。各等情。謹此電聞。張學良
叩，江（三日）子廳機印。

北平張學良來電

民國廿一年十二月四日

羅部長鈞任兄勛鑒：密。據熱河湯主席東參電稱，頃據
劉震東、高蔭周等宥（廿六）電，養（廿二日）派沈副
旅長明勝帶隊繞攻五松嘎瞎漆杜陂子等寨，已完全佔
領，獲敵槍馬及俘虜甚多。潘團長及鄭支隊長與敵苦戰
三小時，敵不支向唐家窰得拉蘇營子一帶潰逃，盡力追
擊，已不成軍。擊斃敵團長一員，連長三員，日兵卅餘
名，蒙兵百五十餘名，獲槍馬無算，我軍傷亡廿餘名。
此次攻擊蒙兵收繳民槍三萬不得已之舉，該圖王親日有
年，已娶日婦任偽南分省省長，日人利用彼為佔蒙地之
根據，蒙漢多受其害，皆恨入肺腑。當我軍佔高力板
時，嚴禁士兵，不准衝突，去信數次，置之不理，派官
長帶兵士十二名前往交涉，悉被殺戮，屢來我防地擾
亂，並斷我之聯絡線，會同反動之民團限我三日退出，
迫逼萬分，始攻擊之。現將該蒙鎮攝，不但日人對於蒙
古全失所據，即康法各地可告安全。而蒙古一二三軍再
不敢騎牆。察蒙古之帖服者因無小利以誘之，更無有力

之部隊以威鎮之，是以忽來忽去也。今壓迫以後，再誘
以小利，必不復反，此次八二迫炮彈七九彈藥消耗最
多，三八機槍等彈亦甚缺乏，並乞賜與補充為禱等情，
據此。缺件除電知後援會，設法補充並分電外，謹電奉
聞等語，特聞。弟張學良，支（四日）廳機。

五　日軍節節進侵

熱河湯玉麟來電

民國廿二年一月廿八日

南京軍委會蔣委員長、軍政部何部長、參謀部賀次長、
黃次長、外交部羅部長、北平軍分會張委員長鈞鑒：
密。據開魯崔旅長有戌電稱：敵人於有日早十時率步騎
砲各隊，附以裝甲車五輛，唐克車二輛，向我道德營子
防禦線猛烈攻擊，並以飛機八架由空中轟擊，勢甚兇
猛，計鏖戰一日之久，猛撲我戰線三次，均被我軍擊
退，共擊斃日人七八名，偽國軍隊三十餘名，我道德營
子五十六團團部被飛機炸毀不堪，並炸傷騾馬十餘匹，
截止發電時，兩軍尚在相持中。又接右翼報告，防守興
蒙公司王老惠地舖之義勇軍李海青等部勢已不支，業經
退至清河沿岸大段一帶矣。查日人以全力總攻我軍防
線，來勢甚為兇猛，非有徹底對待之策難操勝算，務迅
速電前方各軍一齊出動，則大局尚可挽回，若專恃我方
堅守，開魯實有防不勝防之虞，如何之處，伏乞裁奪。
又據參謀本部黎參謀明由開魯拍來宥電稱，明等於宥晨
由下霍來開，當晚到達，運款車同時返熱。進犯道德營
子之敵，經我崔旅劉團擊退，斃日兵五六名，我軍傷馬

兩匹,仍守哈拉道、道德營子、王家油房之線,刻正計
劃全線攻勢中各等情。查敵有宥兩日空用飛機,陸有步
騎砲聯合唐克車裝甲車等,數次犯我陣地,實屬釁自彼
開。此次雖被我忠勇官兵擊退,彼狼子野心之敵難保不
來再犯,除飭該旅嚴加戒備,並詳情續報外,謹先電
聞,職湯玉麟叩,感參印。

北平嚴寬來電

民國廿二年一月廿八日

特急。南京委員長蔣、外交部羅部長、軍政部長何、軍
委會主任朱:○密。承德橋老感(廿七日)亥電,本日
午後二時敵機十架,掩護敵裝甲車卅二輛,聯合猛攻我
開魯正面王家油房、道臺營子及右翼博勒火神廟一帶。
我右翼李海青部,因敵火力過猛,不支退守大段、查
打營子一帶,幸我正面第九旅奮勇迎擊,斃日人數十
餘名。右翼敵因其正面失利,亦即退走。除補充九旅
七九彈二萬,手溜彈一千二百顆,迫砲彈一百發外,
並飭李部進守佈防,並飭各部準備反攻等語。謹聞。
嚴寬叩,儉(廿八)千喬。

北平張學良來電

民國廿二年二月三日

南京羅部長鈞任兄勛鑒:密。頃據駐開魯崔旅長新五艷
戌電稱:茲將敵人進攻開魯始末情形詳細陳之,近者敵
以開魯邊增多數義勇軍,及江省退軍恐有進攻通遼之
舉,乃用各個擊破之法,再用大部飛機連日轟炸縣城,

使各軍損傷過鉅，不得不設法遷移。於是只剩旅長一部，獨立防守，再用大部兵力克攻前線，俟得手後，不戰而得開魯，乃於有日拂曉，突來日兵百餘人，蒙兵及張海鵬兵千餘人，附以裝甲車、坦克車、飛機、山炮、機關槍，向我道德營子防線猛烈攻擊，一日之內向我陣地猛撲三次，並以機關槍、山砲掃射上以多數爆擊機盡量轟炸。我軍兵力之在前線者，騎步不足千人，敵人砲火炸彈所到，竟將陣地及道德營子團部炸毀不堪，然我兵假借掩體，並未少卻，仍以步槍、迫擊砲、手榴彈、大刀沉著殺敵，旋以敵機飛行低降，又用步槍向飛機仰射；戰至晚六時許，敵人力竭全體退卻，戰後詳細調查，共擊斃日人十餘名，偽國軍隊四十餘名，並擊毀敵機四架，一架被我燒毀，其他三架落於敵人戰線以內，敵用車運回通遼。我軍仰托威福，衹傷兵五名，騎馬十餘匹，餘均無恙。等語。特聞，弟張學良，冬（二日）亥廳機。

熱河湯玉麟來電

民國廿二年二月廿四日

急。南京軍委會蔣委員長、軍政部何部長、參謀本部賀次長、黃次長、外交部羅部長、北平軍分會張委員長鈞鑒：密。據朝陽董旅長養（廿二日）寅電報稱，箇日午前六時，敵以唐克車三輛、裝甲車八輛、鐵甲車八列、飛機八架、砲卅餘門，掩護日偽聯合軍四千餘眾，直衝我南嶺陣地，行猛烈攻擊。我步兵二百十四團第三營張營長率九及十二兩連奮勇抗戰，激戰約三小時，敵砲火

愈猛烈，並以一部由右翼繞道向我口北營子陣地突擊。
我南嶺陣地漸為敵包圍，因戰術關係，不得已遂退向口
北營子，集合兵力與敵抗敵，歷午至未與敵肉搏三次，
敵稍挫，同時二百十三團董團長率所部第三營王營長全
營，及二百十四團第五連張連長，由右側方迂迴激戰，
奈敵我眾寡懸殊，敵又增加唐克車四輛、飛機四架、大
砲十數門，壓迫董團部隊阻止前進，相持至箇西，敵將
鐵路修復，乘機以鐵甲車一列，裝甲車三輛，沿鐵路衝
至北票附近，經我駐軍二百十四團湯團長孫團附及第一
營劉營長率三、四兩連在北票西門外與敵軍接觸，擊毀
裝甲車兩輛，鐵甲車在站外頭道揚旗附近出軌，敵急以
步兵掩護射擊，將該甲車輛奪回，退至北票南駱駝營
子，我軍於薄暮時將各部隊集結北票附近，斯時我下
府陣地已形突出，為使兵力集結起見，遂將該處駐軍
二百十四團（缺一、二兩連）撤回北票東山佔領陣地，
希冀再拼拒敵，由清河門大道下府、官山、駱駝營子各
處，同時進迫，將北票重疊包圍。我董團長指揮各部死
力應戰，在票街西門與敵激戰兩時餘，肉搏四次，斃敵
約百餘名，戰況極形慘烈。至夜半，據探報敵軍一部由
口北營子正向桃花吐方向潛進，朝陽突告嚴重，北票又
形危急，以朝陽所餘步隊均已分佈通錦西道，大勢難撤
回。而桃花吐為通票要隘，一旦陷入敵手，我軍交通斷
絕，我票街部隊入敵掌握之中，影響實非淺鮮，於萬不
獲已，乃垂涕退出北票，將全部撤至白腰村陣地，以便
鞏固朝防而免陷於絕境。現二百十三團第三營位置於大
白腰，二百十三團第一營位置於小桃花吐，二百十四團

第二營位置於長板營子，二百十四團第三營位置於白腰
南向，二百十四團第二營取聯絡，二百十三團第九連為
前進部隊停止於大白腰屯，二百十四團第一營為預備
隊，位置於大李津溝歸孫團附指揮，騎兵卅六團第一營
位置於杳俏皋警戒陣地，右翼通南嶺大道，二百十三團
第二營位置於朝陽城南通錦大道，二百十三團一營在原
防地警戒羊山廿家子大屯一帶。查斯役敵軍為日第八師
團及漢奸邵本良所部之游擊隊，戰後檢查我軍二百十四
團共傷亡官兵五十餘名，二百十三團傷亡官兵六十餘
名，損失揮克式步槍四十枝，消耗子彈十五萬粒。謹
聞，等情。除嚴飭在桃花吐附近陣地死力固守外，謹此
電陳。湯玉麟叩，漾（廿三日）參。

熱河湯玉麟來電

民國廿二年二月廿五日

萬萬萬火急。南京蔣委員長、軍政部何部長、參謀部賀
次長、黃次長、外交部羅部長、北平張委員長、張輔帥
鈞鑒：密。頃據董旅長敬（廿四日）亥電稱，據董團長
報告，長板營子克復後，旋被敵人猛攻佔領，我軍撤至
河北坤都營，而敵現又增加由莽牛營子大道迂迴坤都營
子，右側緊急，我軍傷亡官兵百餘名。又左翼莊頭營子
亦發現敵步騎砲兩千餘，勢取包圍朝陽縣城，危急萬
分，而縣城附近民會四起，應付不暇，正全線激戰中，
等情。查敵眾我寡，若援隊遲到不堪設想矣。旋據有
（廿五日）子電稱，我全線與敵步騎砲五、六千猛烈激
戰，業經一日，傷亡二百餘名，現敵又增加，若至拂曉

再添飛機壓迫，勢必全受包圍，職旅犧牲殆盡，可否撤至平房附近待援，再圖反攻，請電示遵，各等情。查敵人有加無已，我軍孤立無援，縱全旅犧牲亦無補救，除飭該旅長全部暫撤至平房子，收容整頓待援反攻外，謹電報聞。職湯玉麟叩，有（廿五）子參。

熱河湯玉麟來電

民國廿二年二月廿五日

急。南京蔣委員長、羅部長、何部長、賀次長、黃次長鈞鑒：密。謹將本日情況分報如左：（一）有（廿五）酉據董旅長由平房子電話報告如下：（1）職旅全部及輜重並朝陽行政官吏，於本日午後八時安全到達平房子附近，謹將轉進經過詳報如下：（甲）我掩護部隊於早六時，由朝陽撤退，八時，敵人佔朝陽。（乙）十二時，敵以飛機七架追擊轟炸，擲彈百餘枚，傷亡士兵六名，炸壞大車八輛，馬十數匹。（2）敵騎二百餘其先頭已達大營子，現仍西進中。（二）據無線有線各電臺局長報稱：開魯無線電漾（廿三日）晚即呼叫不通，有線電亦不通報，情況不明。（三）基於上項情況，職部集結主力於青溝梁、硃碌科附近，乘機轉移攻勢。並派孟軍長昭田即赴前方指揮，謹將指導要領報告於次：（子）令騎兵第一旅（此一團原駐阜新）位置於青溝梁左前方對朝陽、北票方向綿密搜索嚴加警戒。（丑）令步兵百零七旅於本夜即向青溝梁轉進。（寅）令步兵百零八旅推進至硃碌科、波立顆梁附近佈防積極溝築工事。（卯）令步兵百零六旅由平泉、承德向寧城、硃

碌科急進。（辰）以集結大山以東待命之騎兵第十旅，對開魯魯北方面各友軍確取聯絡。（巳）第四十一軍迅速進入赤峯附近陣地。除分電外，謹電稟聞。職湯玉麟叩，有（廿五日）亥參。

北平張學良來電

民國廿二年三月五日

提前特急，南京羅部長鈞任兄勛鑒：江（三日）電奉悉。密。自熱戰開始以來，我軍分路應戰，戰鬥激烈，以凌南、凌源方面為最。日軍挾其優良武器及裝甲汽車，猛向我陣地衝進，我軍拚死抵抗，雙方屢進屢退。我丁、孫、于、王各師幾全部犧牲，雖陣線稍有變動，但迄現時止，仍與敵人對峙。不意此方戰事方酣，而承德失陷之耗遽至。本日得有探報，日軍一部裝甲汽車已於今午進入承德，當地人民事先應敵，湯主席被迫退出，迄今不知湯確在何地，亦未得湯報告，電報阻斷，情況不明，一部失利，全局受其影響。局勢至此，可勝浩歎。弟已決心不顧一切，盡其全力謀挽危局，現已積極部署，仍謀奮鬥。無論如何犧牲，但求無負國家，決不稍存顧惜，披瀝奉陳，敬祈鑒察。弟張學良，微（五日）寅廳機。

北平張學良來電

民國廿二年三月六日

南京羅部長鈞任兄勛鑒：密。據萬總指揮福麟冬（二日）電稱：（一）凌南季師長報稱，東（一日）早七時

日軍步砲騎聯合三千餘名，裝甲汽車十餘輛及爆炸機五架，坦克車多輛，向該師韓、劉兩團防地猛攻，我軍當即奮力應戰，搏鬥終日，雙方死亡極重，日方爆擊過烈，我軍工事悉被破壞。至晚敵復增援，突至我軍背後前後夾攻，我軍仍不少卻，現仍苦戰中。（二）凌南丁師長報稱：該師正面發現敵人，以步砲空唐克甲車聯合向我猛烈攻擊，敵騎千餘名又由東大嶺向我陣地右翼迂迴，以至兩面敵，空軍轟擊尤為激烈。我官兵奮勇抗禦，斃敵甚眾，敵眾漸增，屢退屢進。我軍終以武器懸殊，子彈耗盡，官兵死傷奇重，不得已於東（一日）早十時將師部撤至桃花池，轉至山嘴子整頓收容，誓死固守，待援反攻等語，特聞。弟張學良，江（三日）廳機印。

六　中國迭向日本抗議及日方之詭辯

致日本代辦照會

民國廿一年七月廿三日

為照會事：迭據報告，本月十七日由北票赴錦州火車，被匪搶劫，熱河軍隊正在追剿，突有日軍鐵甲車向朝陽寺衝進，正提出質問間，日軍便行開槍射擊，我軍不得已還擊，現兩軍在南嶺對峙中。十八日下午二時又有日機五架飛來朝陽，對交通、軍政各機關盡炸，落彈三十餘枚，並用機槍掃射，死傷人馬數十員匹等語。查東省日軍尚未撤退，竟又進犯熱河，實屬有意擴大事態，違反國聯決議，並破壞國際公約。本國政府不得不提出嚴重抗議。所有因此次事件發生之一切

責任，應完全由日本政府擔負。相應照會貴代辦陳請
貴國政府查照為荷，須至照會者。

日本公使館來照

民國廿一年八月十六日

為照復事：接准七月二十三日。來照所指南嶺及朝陽寺
一帶日軍行動各節，業經閱悉。查來照有云：貴國政府
以日軍軍事行動為故意擴大事態等語，完全與事實相
反，蓋維持滿洲治安，日本極為重視。七月十七日因有
不逞之徒聚集南嶺朝陽寺之間，襲擊由北票開往錦州之
火車，且將乘車之關東軍石本權四郎綁去，因此日軍乃
向朝陽寺方面推進，當時有向日軍襲擊者，遂予以還
擊。又日軍飛機於十八日前往該地一帶偵察情形，因被
類似軍營者射擊，故以威嚇目的擲下炸彈若干。以上各
節，皆為適應當地情形，維持治安之必要措置，對於此
事殊無受貴國政府抗議之理。相應照復貴部查照，須至
照會者。國民政府外交部長羅。

　　　　　　　　日本帝國臨時代理公使　矢野真

駐日公使館代電附呈抄件

民國廿一年九月一日

為照會事，關於日本軍隊在熱河地方行動一事，接准貴
爵大臣八月五日照會，當經轉報本國政府去後，茲奉本
國外交部電開，北票開往錦州火車發生匪患，熱河軍隊
已負責進勦，自不容日本軍隊非法侵入，日方如因此受
有影響，應通知中國地方當局查明辦理。乃日本軍隊竟

藉口石本被綁，侵入熱河，向中國之勦匪軍隊先行槍擊，以致中國軍隊不得不加以還擊，且又派飛機炸彈，機關槍，飛至朝陽擲放，傷斃多數人馬，足見日本軍隊此種非法舉動，係預定計劃，日本外務大臣復照反以為適應情形維持治安之必要，實屬蔑視中國領土主權。茲復據確報，本月十九日日軍之鐵甲車強行衝進熱境廟子地方，向中國軍隊開火，同時並用飛機散放傳單，造謠惑眾等情。查日本陸、空兩軍，一再侵入熱河，向中國軍隊開釁，自不得謂非故意擴大事態，應再向日本政府嚴重抗議等因。相應照會貴爵大臣查照為荷。須至照會者，右照會日本帝國外務大臣伯爵內田康哉閣下。

　　　　　　　　　　　中華民國特命全權公使
　　　　　　　　　　　中華民國二十一年八月二十七日

駐日公使館代電附呈抄件

　　　　　　　　　　　民國廿一年九月十五日

日本外務大臣復照為照復事：准八月二十七日申字第二三五號來照開：關於七月中旬，日軍在朝陽方面軍事行動。並轉達貴國政府關於八月十九日事件抗議，業經閱悉，查七月中旬事件，經本大臣於八月五日復照中詳細記述，已可明瞭，更無答復之必要。又八月十九日事件，係同日薄暮負營救石本要務之日本軍隊，預先與南嶺熱河軍隊充分接洽後，由朝陽寺乘火車向南嶺前進途中，在距南嶺約一千米突之處，因鐵路軌道被毀，當即停車，正與熱軍交涉修理中，該軍突然開槍，日軍僅不得已而應戰，故不應承受貴國政府任何之抗議，相應復

請查照，轉達貴國政府為荷。須至照復者。

昭和七年九月七日

致日本公使照會

民國廿二年一月廿七日

為照會事：日軍自非法佔據東三省後，時向熱河邊境侵擾，日本飛機更任意到熱擲彈轟炸。茲據報告，本月二十二日，日本飛機六架，到開魯擲彈二十餘枚。二十三日，先後又來日機九架，共擲炸彈七、八十枚，炸斃民數十名，傷者尤眾，騾馬死十餘匹，毀房屋四、五十幢，器物無算，等語。查日本軍隊按照預定計劃，積極向我侵略，此次於非法強佔榆關之日，更肆無忌憚進擾熱河，日機對於無辜民眾竟肆意轟炸，以致死傷枕藉，財產損失無數，此種殘暴行為，不獨為法律所不許，亦為人道所不容。茲特提出嚴重抗議，應請轉電貴國政府對於日本飛機此種不法行為，立予制止，至開魯因日機轟炸所受生命財產之損失，並保留一切要求之權，相應照會。貴公使即希查照辦理並見復為荷。須至照會者。

日本公使來電

民國廿二年二月八日

為照復事：接准上月二十七日來照所指，關於開魯日軍行動一節，業經閱悉。查開魯日軍行動，乃係滿洲國維持治安討伐匪賊所採當然之措置。而討伐之際，並無殺傷無辜人民情事，此純屬滿洲國內之事，本使無受貴方

抗議之理，相應照復貴部長查照，須至照會者。國民政府外交部長羅。

> 日本帝國特命全權公使　有吉明
>
> 昭和八年二月七日

致日本公使照會

為照會事：二月二十三日准貴公使派二等參贊上村伸一面交節略，以中國政府派兵駐防熱河，抵觸所謂滿洲國主權，為攻熱之藉口，業經本部略復，以所謂滿洲國係日本政府以武力侵佔東三省在該地所設之傀儡偽組織，及其所謂日滿議定書均為中國政府迭次抗議所決不承認。熱河為中國領土與東三省之為中國領土相同，日本政府要求中國政府撤退在熱河自衛守土之駐防軍隊，顯係擴大侵略範圍破壞中國領土主權，日本政府應絕對擔負攻熱責任在案。查日本政府不顧世界公論與中國政府迭次去文，繼續肆意侵略，不惟不立即撤退東省駐兵，將東三省歸還中國，近反調集大批軍隊，對熱河各地進攻不已，並用飛機任意轟炸各該城鎮，以致無辜人民之生命財產慘被損害，實屬違背正義人道，專恃武力侵略之非法舉動。中國政府特再提嚴重抗議，並保留一切正當要求之權。相應照請貴公使轉電貴國政府查照為荷，須至照會者。

日本公使來照

民國廿二年三月廿日

為照復事：接准本月二日照稱，關於日軍在熱河省行動事，業經閱悉。查日軍在熱河省之行動，乃因日本國與滿洲國間議定書之關係，對於滿洲國之該省肅清事業，予以協力，此全屬滿洲國之事項，且當實行上項肅清事業之時，對於保護無辜人民，始終加以特別注意，絕無加以慘害之事，殊無應受貴國抗議之理。此項肅清之舉，既如上述係屬滿洲國事項，故日本認為與此關涉之問題無須與貴國作何論議，唯於此欲再聲請貴國注意者，即如本使館前派上村書記官向貴部所述，中國軍隊雖經滿洲國再三要求，仍不撤回關內，任意留駐熱河省內，因此所生一切之結果，應由貴國方面擔負其責任。相應照復貴部長查照，須至照會者。國民政府外交部長羅。

日本帝國特命全權公使　有吉明
昭和八年三月二十日

致日本公使照會

民國廿二年三月廿四日

為照復事：准三月二十日來照，對於本部三月二日去照所指日本政府應負各責任，多所規避，竟以日本在熱之行動乃因所謂日滿議定書之關係，並謂中國軍隊留駐熱河應負責任等語，查所謂日滿議定書係日本政府以武力侵佔東三省，在該地設立傀儡偽組織後所自擬而令該偽組織簽字以為繼續侵略之工具者，該偽組織為中國政府

及世界各國所不承認，自始既無存在之理，則所謂日滿
議定書殆係日本政府與其本身所簽訂，當然絕對無效，
乃日本政府派遣大批軍隊攻佔熱河，蹂躪地方，本部於
上述三月二日去照指明日本政府所應負之一切責任，自
不容藉口該項非法之議定書有所諉卸，總之熱河與東三
省同為中國領土，日本憑藉武力強佔該地，國際間違法
背理之事，莫過於此，寧有辯論之餘地，本部長仍照三
月二日去照，嚴重抗議，相應照請貴公使轉電貴國政府
查照為荷，須至照會者。

第三節 塘沽停戰協定

一 塘沽停戰協定之由來

軍事委員會北平分會何代委員長應欽代電附件

民國廿四年九月廿日（原件日期不詳）

二十二年一月三日，榆關失陷後，我軍約三十萬眾，佈防於長城、熱河間。越二月，熱河陷落，日軍復以主力猛攻我長城各口及灤東方面。自三月上旬以迄五月上旬兩個月中，幸賴我將士奮勇勉力撐持。惟敵恃利器，我憑熱血，各部傷亡極眾，而陣地工事，幾為敵砲火飛機轟炸毀壞無遺。截至五月中旬，各軍疲敝之餘，應付極為艱難。延至五月二十二日，灤東、冷口、喜峯口方面我軍已退至通州及富豪莊，經通縣至馬頭鎮、白河之線。古北口方面已撤至九松山、牛欄山一帶。日軍迫近北平，不過四、五十里。當時我軍事情形如彼，而石友三、白堅武等失意軍閥，正獲得資助，有組織華北聯治政府之陰謀，形勢極為惡劣。適日使館代辦中山詳一，及日使館陸軍武官輔佐官永津佐比重，與黃委員長膺白晤談，由日方提出休戰之接洽，經何代委員長、黃委員長膺白、黃部長季寬、張委員岳軍、蔣委員伯誠等詳密商議，僉以就實際情形而言，若在平津附近背城一戰，其結果平津亦終難保守，彼時日人必助叛逆組織又一傀儡政府，其結果影響所及，收拾益難，經熟權輕重利害，遵照中央意旨，與日方進行休戰之談判。

二 談判經過

北平何應欽等來電

民國二十二年五月廿四日

限二小時到。南京軍政部陳次長譯呈汪院長，南昌蔣委員長親譯：密。極機密。今日徐參謀燕謀與日本永津武官簽定之覺書原文如下：覺書，昭和八年五月二十五日，日本公使館附代理武官永津中佐，北平軍事分會委員長何應欽閣下，關東軍司令官之意志如次：（1）承諾經上校參謀徐燕謀提出之停戰交涉。（2）貴軍應撤退延慶、昌平、高麗營、順義、通州、香河、寶坻、林亭口、寧河、蘆臺之線以西及以南，爾後不僅不越該線前進，並不為一切之挑戰行為。（3）日本軍為認職誠意，第一步隨時以飛行機偵察及其他方法視察中國軍之撤退狀況，但中國方面對此與以保護及一切之便宜。（4）有以上之確認後，關東軍司令官之正式最高全權代表，與何委員長之正式最高全權代表在北寧路上之某一地點會合，相互承認正式委任狀之後，作關於停戰成文之協定。（5）右成文之協定成立為止，中國軍不挑戰之限度內，日本軍隊不越前記撤退線追擊之。右五個條件係關東軍司令官之意旨，由永津武官傳達前來，茲以北平軍事分會委員長何應欽之代理資格負責承諾。中華民國二十二年五月二十五日，北平軍事分會陸軍上校參謀徐燕謀。又其附件如下：覺書，昭和八年五月二十五日，日本公使館附代理武官永津中佐，北平軍事分會委員長何應欽閣下，關東軍司令官之意志如次：（1）五月二十五日覺書第三項第二行，及派必要人員

約定改為依其他之方法。（2）依其他之方法之意，雖
非直接派遣日本軍檢查，但日本軍於必要時得貴方之
諒解，可選定適當之方法。（3）本件永津武官確實聲
明負完全責任等。謹聞，職應欽、郛、紹竑。有戌行
秘二印。

北平何應欽等來電

民國廿二年五月廿四日

限二小時到。南京軍事委員會，並譯轉汪院長、南昌蔣
委員長：○密。親譯。極密。關於最近前線軍事部署，
昨電已詳。惟各部隊兼月作戰，將士傷亡甚多，疲敝之
餘，戰意已不堅決。就昨晚情形觀測，已成不戰自退之
勢，經職等再三籌計，若竟任其自行崩潰，華北局面將
至不可收拾，當即招集重要將領，多方激勵，眾人意志
稍轉堅定。同時日本中山代辦及永津武官與郛約定晤
談，結果由日方提出如下之四項條件：（1）中國軍撤
退延慶、昌平、高麗營、順義、通州、香河、寶坻、
林亭口、寧河以南以西，今後不准一切之挑戰行為。
（2）日本軍亦不越上之線進擊。（3）何應欽派正式任
命之停戰全權員往密雲，對日本軍高級指揮官表示停戰
之意志。（4）以上正式約定後，關東軍司令官指定之
日本軍代表與中國方面軍事全權代表定某日某時，於北
寧線上某地點作關於停戰成文之協定。比由職等就此條
件詳密商議，僉以此時前線情形如彼，而日人復以多金
資助齊燮元、孫傳芳、白堅武等失意軍閥，有組織華北
聯治政府之議。熟權利害輕重，與其放棄平津使傀儡得

資以組織偽政府，陷華北於萬劫不復，何若協商停戰，保全華北，徐圖休養生息，以固黨國之根基，較為利多害少。眾意既歸一致，於是遵照汪院長迭電指示之意旨，由應欽答復日代辦，對其所提四項條件完全接受，並擬於今日派上校參謀徐燕謀為停戰代表，偕同日本武官前赴密雲表示停戰之意。嗣後進行協議情形，自當一秉鈞旨，隨時密呈核示。職等為黨國為地方人民著想，惟有犧牲個人，以求顧全大局，是非毀譽，所不計也。肅電奉聞，伏乞鑒核。職何應欽、黃紹竑、黃郛，漾辰行秘印。已另抄呈汪院長及朱主任。

三　中國政府的決策

致北平何應欽電

民國廿二年五月廿三日

北平何部長敬之兄、黃委員長膺白兄勛鑒：○密。今晨國防會議議決如下：（一）外交方面，近來英、美意見日益接近對日斡旋，俾我得較有利之解決當可做到，但恐緩不濟急，於我目前平津之危，恐來不及解救，惟外交既有此希望，子文兄今日來電力請注意，不必灰心。（二）軍事方面，江西軍隊不能調開，其他軍隊則不聽調，例如兩廣高談抗戰，但至今迄未出兵，中央對於華北各軍苦戰三月，不能不急籌援應，但能做到若干，諸兄已不難洞悉。（三）財政方面，子文兄赴美、赴英，正在接洽，即使有望，亦緩不濟急。平津若失，則海關收入驟形短縮，其他一切籌款方法，亦惟有更形拮据。根據以上外交、軍事、財政情形，對於應付平津危局，

決定原則如下：（甲）如日本來攻平津，我將士惟有盡
力應戰，不可輕易放棄，蓋平津情形，適與去春淞滬相
同，極繫世界之觀聽，我若示怯，從此國家人格得不堪
問，且戰爭愈烈，愈易引起各國之干涉也。（乙）如暫
時休戰希望尚未完全斷絕，仍希繼續進行，即在交戰
中，此種接洽仍不妨並用。以上兩項原則，切盼兩兄根
據辦理，中央當共負責任也。以上決議，謹達，乞鑒察
為荷。弟兆銘，漾（二十三日）。

錄國防會議決議案

今日國防會議議決如下：現在前方停戰談判已經開
始，逆料對方進行方針不出兩種：甲、對方以強力迫我
屈服，承認偽組織及割讓東四省，如果出此，我方必毅
然拒絕，無論若何犧牲，均所不避。乙、對方鑒於我
方犧牲之決心，與列強之環視，此次停戰目的，在對
方軍隊退出長城以北，我軍不向之追擊，保留相當距
離以免衝突。如果出此，則我方鑒於種種情形，可以
接受，惟以不用文字規定為原則，若萬不得已，祗限
於軍事，不涉政治，並須留意協定中不可有放棄東四
省，承認偽組織之疑似文句。此決議已分電北平當局
及子文兄等矣。銘，五、廿五。

行政院長汪精衛談話

民國廿二年五月卅一日

此次河北停戰談判，限於軍事，不涉政治，即就前
方軍事當局所派出之代表亦足以證明。蓋軍事代表，對

於政治問題，固無談判之權能也。

　　人謂昔以不抵抗而失地，今以抵抗而失地。此言誠然，苟一量度現有國力，則抵抗之不能得到勝利，固自始而知之，知之而猶抵抗，亦惟盡其力之所能至，以行其心之所安耳。三月以來，我軍在長城一帶，與對方苦鬥。對方所挾持者為近代最優良之攻擊工具，如重砲、坦克車、飛機轟炸等，皆我軍所無。即稍有之，數量質量，均遙不足以相敵，所恃者忠勇之氣與血肉之軀而已。陣地被燬，軀命與之同盡，死傷之餘，為戰略上之退卻，其悲壯慘烈之事實，昭著而不可掩。加以各處赤匪之騷擾及其他牽掣，援應不以時至，使整個軍事計劃，不能實行。而戰地人民之竭蹶供應，以及因兵燹而致之顛沛流離，又為全國所共見。凡此種種犧牲，皆為國家爭人格，為民族求生存之堅決表示。至於成敗利鈍，自始即未嘗計及也。

　　當此之際，政府及其所轄之軍隊，一息尚存，最後犧牲之決心，必不放棄，故如外間所揣測謂將有簽約於承認割讓之舉動，敢為國內外保證其必無。至於局部緩和，不影響於領土主權及在國際所得之地位，則為久勞之軍隊、窮困之人民得所蘇息計，政府將毅然負責而為之。以是非利害訴於國民真實及悠久之判斷可也。

四　塘沽停戰協定條文

發表約定：

1、削除之文切勿增加。

2、發表時刻五月三十一日午後四時，而東京為午後

五時。

3、兩代表於協定成文發表後，可發表簡單之所感。

發表文：

停戰協定

關東軍司令官，五月二十五日於密雲接受何應欽之軍使參謀徐燕謀所陳正式停戰提議：據此五月三十一日午前十一時十分，關東軍代表陸軍少將岡村，關東軍副參謀長，與華北中國軍代表陸軍中將熊斌，在塘沽簽定停戰協定，其概要如左：

（一）、中國軍即撤退至延慶、昌平、高麗營、順義、通州、香河、寶坻、林亭口、寧河、蘆臺所連之線以西以南地區，不再前進。又不行一切挑戰擾亂之舉動。

（二）、日本軍為確悉第一項實行之情形，可用飛機或其他方法，以行視察，中國方面應行保護，並與以便利。

（三）、日本軍確認中國軍已撤至第一項協定之線時，不超越該線續行追擊，且自動概歸還至長城之線。

（四）、長城線以南，第一項協定之線以北，及以東地域內之治安維持，由中國警察機關任之。

（五）、本協定簽字後即發生效力。

中國華北駐軍代表　　熊斌印

日本關東軍代表　　岡村寧次印

五 日本違反停戰協定的事實

上海申時來電

民國廿三年五月五日

南京外交部情報司。唐山電話,馬蘭峪日偽軍續增,日兵派有專員指揮訓練,每週兩次,陸、空軍同時演習,此外夜戰、巷戰各兩次,申時。致北平軍委分會。

北平軍委分會代電

民國廿三年六月二日

南京外交部勛鑒:頃准貴部亞字第四九四一號篠代電開,為請將關於日方違反及未履行停戰協定之事實、日期、地點及交涉情形,詳細列表送部,以備查考。又十一日路透電稱,日軍有偵察戰區之權,現戰區內已無我國軍隊,日軍是否尚有此權,希核復等因,已敬悉。查關於戰區內日軍之偵察,係根據停戰協定第二項,原為偵察我方軍隊是否撤退。現我方軍隊,早已撤盡,而日方當無偵察之必要,茲將最近日軍開往戰區之行動,一併列表電達,藉作參考,至關於戰區善後事宜,向由行政駐平政務整理委員會主辦,黃委員長現在上海,請就近函詢黃委員長為盼。特覆,北平軍委分會,令戰艷印。
附日方開往戰區行動表一紙。

茲將最近日方違反協定,擅將軍隊開往戰區行動列表如左:令戰字第 267 號

日軍開往戰區行動表				
區分＼隊號	統率官	兵力	武器	經過地點及情形
古北口警備司令部所屬	隊長中尉季同	一三名馬一七匹	全武裝	四月三日下午五時，由口外湯河口到白馬關宿營，當時詢地方情形，並面囑該地公安局長遇有匪情，須往報告等語，四日早八時返回古北。
日軍一部		四〇名	全武裝	四月三日乘大車由熱河進喜峯口，入遷安宿營，次晨赴澈河橋西去，據稱，調查各地農務並戶口村井數目。
關東軍自働車隊	隊長大尉中西	七〇名	全武裝	四月四日八時半乘汽車三十五輛，由喜峯口經過遵化西去，嗣由該隊長率兵到縣府拜訪，據稱由澈河橋運給養至馬蘭峪等語，旋即東返。
馬蘭峪駐軍		一一〇名	平射炮二門機槍四架	四月七日上午到遵化石門義地，據軍曹藤田利雄稱，係偵探二十九軍軍長宋哲元等語，因宋未來，遂到石門公安分所茶話後，仍回原防。
	步兵上校子爵町尻量基	隨員數名		四月二日到天津，五日到北平，六日、七日赴密雲古北口，八日過唐山，下午六時到臨榆住大和旅館，九日在榆遊歷，十日上午九時赴秦皇島，下午二時五十分返榆，十一日九時赴北戴河撫寧，下午三時到灤縣即入日兵營，十二日九時乘車西行赴唐山，下午四時到津，十三日十一時由津到塘沽，下午一時乘船出口回國。
第七師團一部	偽國國務院團道局長直木倫太郎	二三名	全武裝	四月八日下午二時乘汽車四輛，由古北口到密雲屬石匣鎮視察一週，下午三時回古北口。

日軍開往戰區行動表				
區分＼隊號	統率官	兵力	武器	經過地點及情形
第七師團經理部長石田壽男軍醫部長正佐藤武		官兵一二名	全武裝	四月十一日乘汽車二輛，由熱河到馬蘭峪，下午四時協同馬蘭峪守備隊長間宮忠義等到遵化北平飯店，十二日早八時往平泉據該經理部長稱係春季，第一組檢查駐軍到馬蘭峪查畢即回熱等語。
日軍一部	特務曹長清野忠雄憲兵隊長正佐藤武	一八名	全武裝輕機關槍二架	四月十三日午後四時乘汽車二輛，由山海關到撫寧在城內孫氏院內宿營，十四日開往建昌營。
第七師團步兵第二十六聯隊長	大佐高木義人	二〇名	全武裝機關槍一架	四月十八日下午四時乘汽車三輛，由灤河橋到遵化休息三小時赴馬蘭峪，十九日下午三時仍回遵化稍息即往灤河橋宿營，據稱二十日回承德等語。
憲兵一部	分隊長宮本峯一	二〇名	全武裝	四月二十一日開駐灤河橋
日軍一部		憲兵七名步兵五名	全武裝	四月二十二日下午七時軍用大卡車三十四輛，載子彈給養等，由山海關到撫寧縣城住宿，次日往建昌營。

北平何應欽來電

民國廿三年九月十六日

特急。南京軍政部陳次長，譯呈汪院長、軍事委員會、外交部、牯嶺蔣委員長：頃據張家口宋主席哲元寒未電稱：密。本日午後二時，頃忽由東北方面飛來日機一架，盤旋張垣上空約兩、三小時之久。散放傳單，標題警告二字，署名者為關東軍駐承德特務機關長松室孝

良。措詞頗涉荒謬，茲錄呈如下：（1）照得中日停戰協定所規定，昌平、延慶之延長線，即龍關、張北以東地區內，如擅進中國軍隊，是明為違犯協定行為也。（2）近聞宋哲元軍隊陸續擅入該線以東區城內，而毫無顧慮停戰協定之精神，望該軍應其態度，速將步隊撤退昌平、延慶、龍關、張北以西之線為要。（3）否則日、滿兩軍為維持停戰協定之精神起見，不得已必取斷然之措置，不但攻擊該軍，而其策源地之張家口亦必同受炸毀。（4）因此發生其他重大關係時，此等責任之所在，全歸宋哲元軍擔負，此不贅言矣。特此宣言警告，等語。查我軍此次道出沽源，係為處理方吉消滅赤禍，而日方竟來橫加干涉，務請就近交涉，以免誤解，等語。除已派殷顧問同即向日方交涉，情形如何，容再續聞外，謹聞。何應欽，刪未行秘。

河北省政府咨

民國廿四年五月廿二日

為呈報事，案准河北省政府函開：「前據薊、密區殷專員呈，據馬蘭峪辦事處主任殷體新報稱：『三月三十一日，日軍山田聯隊長由承德來峪，對灤榆、薊密兩區各縣治安及涉外事項。曾有嚴重之表示，據稱：『日軍之進駐長城以內，乃根據塘沽協定，監視地方當軸是否誠意履行該項協定。但年來偵察之結果，不特令人失望，且轉而令人憤懣。其癥結所在，實由各縣縣長漠視協定之重要性，不與日軍切實聯絡所致。日軍感於與各地情形隔閡之苦，遂不惜重金僱用密探，分佈各縣，刺探情

報。因密探良莠之不齊，而同時同地之情報，亦多不一律，以此之故，遂不時發生誤會。倘各縣縣長能與日軍切實聯絡，則不但可消滅此種誤會，且能增進兩國之情感。如最近之剿匪問題，各縣所採策略與方式，縱無網開一面任使股匪北竄之故意，但以素日缺乏聯絡故，日軍就表面事實觀察，亦有不得不認為乃係以鄰為壑之政策，倘各縣縣長平日能將關於治安、日僑、匪警等情形隨時通告附近日軍，遇有匪警則日軍亦不惜協助防堵，不使北竄，且可使之陷於重圍，易於解決。至各縣日鮮居留民，深荷保護，甚為感謝。其中不免有惡劣份子，借端滋事，若能獲得貴方隨時通知，則日軍自應負責取締，以上種種祈轉報貴省政府通令各縣，加以深刻之注意，切實履行協定為要。日軍於此已盡其最後之忠告，貴方如一仍漠視，而無誠意之表示，則日軍為維持協定精神，職責所在，將不顧一切而採有效之措置。』等語。主任以其表示雖近威脅，但言詞懇切亦頗中時弊，即主任奉命駐峪以來，亦深感與各縣聯絡不足之困難，每遇涉外事項恒以不能得一完整情報為憾。且多語焉不詳，時與事實真相齟齬，致交涉失據。此種現象，均由各縣長官未明悉停戰協定之內容，不了解戰區環境之嚴重，未能切實合作對外有以致此，亦殊有通令各縣設法改善之必要。又山田等於東晚校閱駐峪日軍夜間作戰，於冬晨八時乘機飛返承德。」等情轉報到府。當以該聯隊長所稱我方漠視協定各節，不無危詞聳聽，至對外交涉事件，固有應守秘密者，而亦有應開誠示者，嗣後各縣局應將日韓僑民不法情形，及境內剿匪等事隨時通

知境外日軍，請其注意。如彼方在口外剿匪亦應隨時知
照我縣政府或駐各口辦事處，惟聲明以彼方在口外防堵
為限，不得開入境內。我方剿匪亦無須彼軍協助，以免
別滋藉口。至日韓不法僑民，如彼方接到我方通知，務
須立即查究，我方得其諒解，即行驅逐出境。節經轉請
北平軍政兩會核示在案。茲奉行政院駐平政務整理委員
會堅字第二一二八號指令開：「查此案前據薊密區殷專
員呈報到會，業經指令仰仍轉飭切實注意，並將各縣
關於治安事項統籌整理，以清地方，而免外人藉口在
案。茲據所陳各節，察核尚屬可行，仰即轉飭遵照辦
理具報。」等因，奉此。除分令灤榆、薊密兩區專員
查照區暨灤、薊兩區各縣局遵照辦理外，相應咨請查
照，此咨外交部。

第四節　接收榆關

一　日軍在榆關動態

致北平劉崇傑電

民國廿二年一月廿八日

北平劉次長子楷兄勛鑒：密。頃接顏代表來電稱，日本
通知秘書廳云：榆關事變後派往該處之軍隊，已於十九
日午夜撤退原防，僅留步兵一營協同原駐榆關守備隊維
持榆城治安等語。請轉詢張委員該處確實情形，以便電
日內瓦駁復，弟謨。

北平劉崇傑來電

民國廿二年二月十六日

南京外交部部長鈞鑒：○密。四十二號，頃據榮參謀長
函稱，日軍以混成一旅團之兵力，侵佔榆關後，曾陸續
撤退一部分。續據情報，日方努力構築防禦工事，自九
門口、三道關、角山寺，以及榆城西關、董莊、萬莊、
王家場、侯莊、碼頭莊，南達海岸之線，均築有據點式
之野戰築城，並在榆關西門上及西關供宸門上防守砲
台。城周垛口，除北面外，多被推平。壕牆南西面穿透
設射擊孔多處，自榆關事變後，當地日兵營壘之工事愈
加堅固。等語，謹聞。傑，十六日。

二 臨榆縣府遷回

天津于學忠來電

民國廿三年二月十一日

南京外交部汪部長勛鑒：密。案據灤榆區行政督察專員陶尚銘蒸（十日）電稱：尚銘奉令接收山海關，迭將商洽經過電陳在案。茲於本日實行接收，即在縣政府懸掛國旗，宣示民眾，將原有地方臨時組織解散，公安局長蘇玉琪即日就職，臨榆縣長袁泰遷回縣府辦公，中外來賓參與甚眾。除布告周知外，謹電奉聞。等情，據此。除電呈北平軍政兩會，並電呈行政院長外，特電請查照，河北省政府主席于學忠，真（十一日）申秘。

三 日偽機關遲不撤走

河北省政府代電

民國廿三年二月十九日

南京外交部勛鑒：密。宥電誦悉。當即電令灤榆區行政督察專員徹查去後，茲據該專員復稱：「接收榆關原駐關內之日方各機關，在預備遷讓中，暫行借住原址。當時因恐牽延接收計畫，是以將此項節目載於臨時接收方案。奉電前因，自當相機設法交涉，分別辦理。」等情。除仍電令該專員迅速辦理，一俟具報，再行續轉外，特復查照。河北省政府，咸秘印。

致天津于學忠電

民國廿三年二月廿四日

天津于主席勛鑒：真電誦悉。密。報載榆接收，日特務機關長儀我及憲兵隊仍駐城內。偽機關未撤者，均將滿洲國字樣易為山海關。偽國境警署奉山路局均設我北寧站。偽稅關、電局、郵局均佔我舊址，不允遷讓，等語。希飭查明實情電復為盼，外交部。

第三章
日軍繼擾察冀二省

第三章　日軍繼擾察冀二省

第一節　日軍騷擾平津

一　日軍進攻熱河後威脅平津

北平劉崇傑來電

民國廿二年二月廿二日

南京外交部（五十七號）部長鈞鑒：確訊，北票昨夜失守。傑，養（二十二）。

北平劉崇傑來電

民國廿二年三月十二日

南京外交部徐次長叔謨兄勛鑒：○密。七號電昨已摘要，用何部長密本電告部長，請兄再去電。此間日館昨日通告各使館，謂九日午後五時佔領喜峯口，十日午後二時半佔領古北口。英、美兩使口氣認為確訊。何部長則言未證實，允即飭查。又何軍後退事，何部長亦不知，言即查復。何初接替，尚未？內外情形，均極複雜，斷非敷衍因循即足應付，部長行程乞電示。弟傑，文（十二日）九號。

北平劉崇傑來電

民國廿二年三月十八日

南京外交部，○密，部長、徐次長叔謨兄勛鑒：親譯。黃部長云，喜峯口、界嶺口一帶，敵有漸向側面後面攻

擊之勢。華北防禦及交通從前毫無設備，日來與外籍顧
問詳細研究結果，應有相當期間趕作防禦工事，方有抵
抗之可言。一面擬將臨榆石河方面之主力，移於灤東，
以免有突被截斷之虞。因此情形亟須設法令敵不即南
下，應如何用非正式方法放出空氣，緩和敵人注意，請
即電達羅部長，等語。謹密聞。傑，十八午廿三號。

致北平劉崇傑電

民國廿二年三月廿日

北平劉次長勛鑒：密。頃接何部長皓電，略謂，據沈司
令報稱，日本驅逐艦四艘已開抵大沽口，津田司令亦已
帶平戶軍艦由旅順開往大沽。津田傳稱，如華方不停止
攻熱，則津沽難免有所動作，云云。我方原定封鎖沽口
計劃，究應於何時施行，戰鬥行為應於何時開始，等
情。此事關係外交，祈察奪見示，等因。當復以日軍司
令語恐非完全恐嚇，外交失敗，繼以喜峯、古北各役，
此時老羞成怒，勢所必然。國防會同人均謂：我為對內
對外計，熱戰萬不能中止，津沽即有事，亦惟有決心準
備，不可退縮。至封鎖大沽口，應俟日方開砲後方可
實行，以免釁自我開，授彼口實，等語。日方恐嚇倘
成事實，有關係各國似不能坐視。請兄即向英、法、
美等國駐使說明日方毒計，並告以我方熱戰不能停與
平津必須守之理由，請其制止日方暴舉。接洽情形仍
盼電復，文榦，皙。

北平劉崇傑電

民國廿二年三月廿二日

南京外交部密，部長、徐次長叔謨兄勛鑒：頃得何柱國馬戌電，遼遠山海關、秦皇島、石河各處敵情無變化，義院口、界嶺口，戰頗烈，本軍奉令將主力移駐灤河之線，最前線部隊原戰地不動。弟於皓十九亥到達灤州山海關，日本守備隊落合又與弟通消息，認為現時乃和平好機，並期弟斡旋，究竟如何應付，乞賜教，等語。當覆以落合之言全係誘騙，可告以凡屬發表範圍，應由中央接洽，無權過問，云云。傑，養（廿二），第三十號印。

北平劉崇傑來電

民國廿二年三月廿七日

南京外交部部長、徐次長勛鑒：界嶺口前晚已失，冷口日來頗吃緊，如不保，則灤東陣線勢須後退。喜峯外口在敵人手中。各方軍報每有誇大及張皇之嫌，似應商請軍會從速統一，此項報告妥密核實，凡正式通告國聯者，皆以軍會所發為憑。謹陳管見。傑，感（廿七）申卅八號。

北平劉崇傑來電

民國廿二年四月一日

南京外交部部長、徐次長勛鑒：〇密。沙河寨昨晨失守，昨夜反攻未得手。其西之石門寨，我原有兩營扼守，茲已添派一團。據何柱國面稱：該軍主力旬日前退

至灤西，前方兵力單薄，如石門寨不保，則石河以西至灤東一線，及秦皇島均感危險，等語。據英館武官談稱：日方此舉目的，或是騰出緩衝地帶，傑估以日如擾秦，我更必全力抵抗，英使今晨赴南口附近，星期一方歸，法使言即電津榆方面，查詢情形，鄙意秦皇島方面似應酌加兵力，已面陳何部長，俾資參考，傑本定明日與作民結伴回京一行，茲以前方消息緊張，何堅囑勿行，擬稍遲南下，崇傑，東第四十三號。

北平劉崇傑來電

民國廿二年四月五日

南京外交部密，部長、徐次長勛鑒：昨電何柱國東（一日）詢前方情形，及對付義勇軍辦法，頃接復電稱，我軍退守海陽陣地後，江（三日）夜偽軍猛攻湯河西岸之平山營、東園、海陽數處，海陽曾一度失守。支（四日）沉靜。晚復海陽，弟擬大出擊消滅偽軍，將來日軍必借詞援助作真面目之攻擊，此點請向各國預為說明。緩衝地帶一說，石河、湯河之間已可足用，何必再越湯河進攻，足見其志在攫取灤東，以為進擾華北之根據也。討伐義軍乃日人慣用之藉口，今已調至陣地後方，並已通告秦皇島，英、美兩方希再為通告，免為所惑，謹覆，等語。除即與何部長面洽外，尊意如何？請電示，傑，歌（五日）四十八號印。

北平王光來電

民國廿二年四月十九日

南京外交部密，部長、次長鈞鑒：聞日軍在秦皇島布告，用中華民國名義，略謂將解決民眾脫離蔣之壓迫云云。則日方似竟致陰謀在華北成立新政府。又，日軍占秦皇島，英艦一致未派兵上岸，日軍則派軍官一名駐開灤礦局，聯絡日英兩國關係，於秦皇島一方面先似有諒解。職曾設法探詢，但無結果，職王光叩，皓十九日五十八。

北平劉崇傑來電

民國廿二年五月八日

南京外交部。密，極密。據各方情報，我軍雖無反攻，而日軍仍在古北口及灤東調集重兵，即將大舉來犯，其目的不止平津，且欲囊括黃河以北，一面在平津利用漢奸擾亂後方。日前天津謀刺案及昨日六國飯店案，與此陰謀均有關係。英、美方亦得同樣情報，局勢嚴重，平津岌岌可慮，亟應統籌辦法，以資應付。擬請：（一）政府速下決心妥定具體方針。（二）由部即日發出對外宣言，以促世界嚴重注意。（三）電國聯代表暨駐英、美、法各使，分請國聯及駐在國干涉日本無故進攻。（四）電請宋部長提前與美當局討論華北危局，除乘便與美、法使接洽外，謹陳管見，以備採擇。英公使因耳後施小手術現在協和療養，兩、三日後方能退院。並聞。傑，庚第四十四號。

北平劉崇傑來電

民國廿二年五月十一日

南京外交部。今日黎明有日本飛機一架，由北方飛平，盤旋一天而去，並散有傳單。日本使館對路透電問話則不承認，亦不加否認。傑，真（十一日）四十九號。

二　各國斡旋與中國的態度

照會英國公使

民國廿一年十一月十八日

為照會事，接准來照，以鑒於天津時局，奉政府訓令，請極端慎重將事。並已將同樣意義之訓令，電達本國駐東京大使等因，業已閱悉。貴國政府關懷天津時局，本國政府甚為重視，茲將中國政府對於此次天津事變所得之報告，綜述於下：查此次天津事變發生以前，該處地方當局即迭據密報，有不良份子李際春、李鶴翔及張璧等，受日人指使，召集便衣隊千餘名，藏日租界蓬萊街太平里六號，設立機關，以李為總指揮，擬於本月八、九兩日在津密謀暴動等情。經即與駐津日領交涉，要求將該亂黨拘捕引渡，經日領允受，乃前往拘捕時，該犯竟於事先逃避。當將所得情況通知駐津各國領事，一面分飭警隊嚴加戒備。自八日夜起，即有大幫便裝暴徒，自日租界衝出，用來福槍、手槍、手榴彈等，襲擊中國政府機關，佔領電話局及接近日租界之警察分所。中國當局為維持地方治安起見，當即令就近警察及保安隊，為必要之抵禦。是時該暴徒等任意施用武器，致槍彈四處飛射，而同時日本租界方面亦有槍彈飛入中國管轄境

內。在此混亂狀態中，中國方面警察人民死傷者甚多。正暴徒攻勢稍殺之時，日本駐津司令官忽堅決要求中國當局，命令中國警察保安隊退出三百米突，否則將自由行動等語，中國方面為避免衝突起見，下令撤退。詎既撤退後忽有砲彈約三十發，自日本租界打入中國界內。檢查砲彈，發見有大正十五年製字樣。其他獲得之槍械多係日本所造。被捕之暴徒供稱，由日人數名監視之下發給大槍、自來得手槍、小手槍、手榴彈，並給每名現洋四十元等語。查日本租界當局完全違反和平通商之宗旨，祖庇暴徒，以租界為陰謀策源地，並容許自界內出發至中國管轄境內擾亂治安，攻擊中國政府機關，殺傷人民，危及各國僑民之安全，而其所攜武器又係出自日方，當時曾經中國地方當局迭向日本租界當局抗議無效，是此次天津事變，日本政府應完全負其責任。至天津地方之治安關係中外人民甚鉅，中國政府對於此次事變始終審慎將事，以後對於一切擾亂秩序之行動，仍當嚴密防範，總以維持本國人民及各國僑民之安全為宗旨。但深望天津日本租界當局及駐在該地之日本軍隊，絕對避免一切危及治安之舉動。俾中國政府實施其保護之責任時，不致遇有困難也。相應照請貴公使查照即希轉達貴國政府為荷。須至照會者。

致北平劉崇傑電

民國廿二年一月十九日

北平劉次長子楷兄勛鑒：密。十四號電悉。部長之意，仍請兄暫留北方。頃接張委員嘯電開，據何司令柱國篠

亥電稱，今日英艦長及開灤經理齊爾頓來訪，似受日人之暗示，特來撮合。英艦長直言及政府命設法安排，使兩方軍事長官直接見面，並負安全保障之責。齊經理則要求我方哨兵勿到鐵路線。日方哨兵亦絕不到車站，以免衝突等語。職答以榆事須照下列三原則方可進行：（1）日方須先交還榆城。（2）交涉須經過國聯參加。（3）交涉須由中央主持進行。並力述日方欲以責任歸於華方一點，絕難承認。至秦島對峙情勢，非到榆關事件解決，不能解決，本人雖欲和平，但非有中央命令，不能進行交涉，等語。除電復妥慎應付外，特聞，等因。當復以何司令答復各節尚妥，此事雖由英艦長等私人接洽，實則仍係英政府暗中主動。其目的既為維持平津安全與英人利益，又欲藉此令中日兩方接近，俾達到調解目的，而國聯遂可卸除責任，致整個東北問題解決無期。弟已洞悉英方之意，故一面慎防其藉私人名義與我接洽，一面在國聯堅持我方主張，務祈尊處注意，勿墮其計。並盼密告何司令，如英方再來，仍請其與中央接洽，云云，特聞。弟謨，皓二二號。

北平劉崇傑來電

民國廿二年一月廿五日

南京外交部羅部長、徐次長勛鑒：密。卅三號電悉，頃已面告葛代辦。據稱：即電希孟，並將日本圖熱近況，中國全土震怒情形，附在電末，以示問題現仍逐日擴大。葛詢中國是否絕對的不能默認有滿洲國，弟

答是絕對的。段、張先後南行，外人多來詢問真相，
法使約下午晤談。傑，廿五午廿四號。

劉次長與美陸軍參贊德來達（Col. Drysdale）會晤紀錄

民國廿二年三月廿二日

下午七時半在外交大樓

記錄：王科長光

次長：外間對於何柱國之隊伍退至洋河，頗有誤會以
　　　為有外交作用。外國記者等頗有信以為真者。
　　　其實不然，純係軍事關係而已。我國政府絕對
　　　無與日本妥協或談判之意。山海關附近何之部
　　　隊有似手臂伸出太長，熱河被日佔領之後，如
　　　日方襲擊界嶺口或秦皇島，則斷其後路，危險
　　　萬分，故為軍事起見，何柱國之主力現已奉命
　　　撤退至洋河。但前線陣勢並未更動，仍駐有騎
　　　兵一旅及一部分軍隊。

德　：外間確有此等謠言，但本人並不信以為真，因
　　　何柱國以前駐守之地形確甚危險，予如為參謀
　　　長亦必主張將主力撤退至後方。關於中日妥協
　　　之說，有美國新聞記者數人曾向予提及，予即
　　　告以不確，蓋中國如與日本謀妥協，無非使日
　　　本鞏其侵略所得者而已，於中國毫無益處，中
　　　國決不為此也。

次長：紐約泰晤士報及國際通訊社記者本日拍發此等謠
　　　言，予深覺其自身有政治作用，並非以傳遞正確

消息，為其本務。

德　：該記者並非常在北平，不過有時來此而已。予
　　　識其人，但新近並未見到。如見到時，予當向
　　　其說明。

次長：足下關於長城各口最近有無軍事消息？

德　：並無消息。長城各口，似甚平靜。予個人之意以
　　　為日人已宣稱決不侵入長城以南，中國方面目前
　　　勢亦不能反攻。日本政府當無意援亂華北。中國
　　　如有能力反攻而取熱河，當然甚好。

次長：日人以前藉口在東三省之利益，而侵占東三省。
　　　近又藉口熱河為滿洲國之一部分而侵熱河，現並
　　　攻占長城各口。長城各口並非在熱河境內，而係
　　　在河北境內。我方為保障河北起見亦不能不攻守
　　　長城各口，故與其謂我方之反攻目的在熱河，不
　　　如謂我方以反攻保護河北。

德　：但予之意以為日人在長城各口築有有刺鐵絲之障
　　　礙物，並有飛機大砲，甚為堅固，以中國今日軍
　　　隊之設備，決不能以反攻而奪取此等堅固陣地，
　　　徒然犧牲兵士而已。若中國祇堅守陣線，經過若
　　　干時間，日本軍隊自必逐漸撤退，日本雖握有長
　　　城各口，中國果能自強，取之甚易，此時殊無反
　　　攻之必要也。

　　　日方有無向中國提議在前線一帶設立中立區域，
　　　予意此等提議，中國以不接受為是，蓋接受此等
　　　提議，無異承認不法之事實為合法也。

次長：我國方面並未接到此類提議。如日方提出此等要

求，我國當然拒絕。日本因我方在大沽口、新河
一帶佈防，曾向于學忠主席提出數次抗議，予意
可置之不復。

德　：日本雖提出抗議，而其他簽字於一九〇二年條約
之各國，均未抗議認中國舉動為違反該約。予意
可以此意駁復日本，日本或可無詞再辯。

次長：日人在大沽口外以軍艦等示威究屬何意？

德　：予覺其祇為保護僑民而來。日本艦隊司令宣言，
除非中國方面有所舉動，彼決不啟釁或上岸，外
人方面均認其言為可信。

次長：我方所得消息，日人運大批援軍至長城各口，
有無此事？

德　：據予所知，日人增援為數並不多，其用意亦不過
在防守現在陣地而已。外面有一謠言，謂此地中
國軍隊有不穩消息，貴次長有所聞否？

次長：並無所聞。足下能指出其為何人之部隊否？

德　：據說蔣委員長此次給宋哲元五十萬元，宋以之
入私囊，其部下聞悉此事，大為不滿，因之有
不穩消息。因與日人約定舉一信號，俾日人可
以占其防地不受抵抗云云。但此或係日人方面
造謠生事也。

次長：足下以此見告，甚感，但予深信此全係謠言。

北平劉崇傑來電

民國廿二年三月廿三日

南京外交部密，部長、徐次長叔謨兄勛鑒：哿（二十

日）電事頃已面告法使，據稱，當即電告本國政府。
又稱：津沽一帶現甚平靜，關於辛約，日方未曾與法
方接洽，日方諒不至妄動。中國方面，務勿輕動，
庶免日方藉口起釁，云云。傑，養（二十二）酉第
三十一號印。

北平劉崇傑來電

民國廿二年三月廿四日

南京外交部部長、徐次長勛鑒：○密。十七號電悉，中
山昨對外籍記者亦作此言，有人評謂事實上已成對峙狀
態，我方現乏攻擊實力，所謂緩衝地帶不期而成，無所
謂默契，美使館武官謂事實上雖似形成緩衝地帶，華軍
不攻，日本當不進，但日方萬一如有提議，切勿接受，
答以當然不受，蓋當局宗旨本係抵抗到底，查日來前方
確極沉寂，惟詳情軍分會似亦欠瞭解，查明再電。傑，
迥（二十四日）戌三十六號。

劉次長會晤英藍使問答

民國廿二年四月六日

次長云：日軍奪取石門寨前後，外間盛傳長城以內，劃
　　　　出相當地點為緩衝地帶。其實中國方面毫無此
　　　　意，純係日方掩飾淆惑世界視聽。以日來軍情
　　　　論，彼且西向灤河，侵犯華北開灤公司，實倘
　　　　處此，有運輸斷絕之慮，尤應請貴公使注意，
　　　　貴公使得有秦皇島報告否？

藍使云：本人亦覺日方近來軍事行動有越出所謂緩衝地

　　　帶之必要，尤不能於日本有何利益之處，開灤
　　　公司以極謹慎之態度應付如此複雜之局勢，煞
　　　費苦心，今晨接秦皇島報告，自四日晚起地方
　　　極為平靜，日方未向英方接洽任何事件。

次長云：有人說日本以熱河幅員遼廣，交通不便，對於
　　　省外尤感需要，日方近為侵華北計，遠為擴張
　　　商務計，故欲攫取灤河，俾有水道運輸之便。

藍使云：此節甚堪玩味，為本人所未料未聞者，當加注
　　　意。又云，張氏父子鎮守東三省時，勢力及於
　　　灤東，日本似亦欲援此例，此為日方之宣傳。

次長云：日方宣傳荒謬無稽，固不待言，但就張氏當時
　　　情勢論，並非割據滿洲，其目的完全為政治
　　　上擴張其勢力，欲握持華北政權，所以有駐
　　　兵灤東之舉。日方如此宣傳，則擾亂平津，
　　　蠶食華北之計畫益為明顯，固不獨企圖灤東
　　　也。如果日軍長驅直入，中外同受其害，請
　　　友邦特別注意。

藍使云：個人意見，日本前線軍人，總是遇有藉口機
　　　會，便當前進，中國今日力量不足，須避免為
　　　是，本人屢屢言之。至東京政府及其主要階級
　　　之真實見解，亦應探討。芳澤來華，不知果
　　　有使命與否，渠本係本人舊知，如來平當可謀
　　　面，貴次長亦與熟識否。

次長云：二十餘年前在東京使館時即與之相識，報載渠
　　　已改途前往青島。

致北平劉崇傑電

民國廿二年四月廿二日

北平劉次長子楷兄勛鑒：密。極密。一號電悉，昨晨法使見部長，詢問由英、美、法調停停戰，吾方如何，並謂彼已電詢法政府，惟尚未與英、美接洽。部長答謂：絕對不能直接交涉，即停戰亦須在國聯盟約及迭次決議案範圍之下，談話紀錄已寄。謨，（廿二日）養，號。

致北平劉崇傑電

民國廿二年四月廿三日

北平劉次長子楷兄密鑒：親譯。密。六號電均悉，弟等一再討論，大致意見如下：

（一）不論外交或軍事當局，均不宜向任何方面乞憐求和。

（二）不論外交或軍事當局，不能簽訂任何停戰協定。因一簽此項協定，在法律上永不能以自己力量收復失地。

（三）我方與第三國接洽時，祇可曉以利害，動以情感，請其警告日方阻止再行進攻。

（四）如第三國問我願否停戰，可密告就我方現在實力，祇可堅守未失領土，倘敵犯平津，決與周旋。如彼不來，則擬集中力量，專心整理華北民政。至整個中日問題，仍聽國聯及根據國際條約為適當之解決。

（五）現在我軍既無反攻力量，祇得堅守現有陣地，不向敵人挑戰。如敵人不前進，則可知日方確

無必取平津之意。如此可暫時造成事實上之休
戰狀態，靜待華盛頓談話之發展，或其他國際
間之機會。

（六）如我方不攻而日軍仍節節進逼，則可證明日方
必取平津，縱與約定停戰，亦屬無效。以上係弟
等熟商後所歸納之個人意見，特電達參考。姑勿
向外宣洩，明日擬提國防會討論。當續告。辣，
謨，二十三日第四號

北平劉崇傑來電

民國廿二年四月廿三日

南京外交部部長、徐次長勛鑒：頃聞藍夢第二次談話，
大略如下：（一）不用文字規定，藍謂未始不可，但
對方恐不贊成，且口說無憑，事後易起爭執。（二）
以藍所知，此間對方有意緩和，駐日英公使來電同一
看法，高壓之嫌當可無虞。（三）藍以使團內部複
雜，現先密告美使。（四）英政府尚無回電。又據何
部長面告，謂汪擬派傑與藍作非正式密談，夢麟已告
藍使，傑答此事本人固亦有意見，但未得外交部部長
電命，不便對外進行。鄙意此案如何辦法，應請政府
早定整個方針，以免分歧漏洩轉礙大局，謹密聞，崇
傑，漾（廿三日）八號印

北平劉崇傑來電

民國廿二年四月廿三日

南京外交部密。極密。昨晚沈司長在北京飯店遇及藍

使，已將部長私函面交，據稱，當即報告政府，藍云：
迭與蔣君所談之事，本日密告美使，意見相同，已各電
本國政府。沈云：關於蔣君接洽一事，未接本部訓示，
惟個人以為部中或尚有意見，不日劉次長當與貴使晤
談。至日方果有誠意停止侵犯，似無須要有文字協定，
且萬不可因此影響及東亞全部問題。藍云：日方似確欲
停止進攻，本人所欲斡旋亦限於現在戰局，決非涉及東
亞全局，至商議停戰如無文字，恐對方不同意，且恐日
後易起爭執。沈云：停戰提議，似宜由英、法、美等第
三國出面，藍使云：此節正在研究，將來法公使想亦可
參加，至今貴方如擬有停戰草案，希見示。沈云當回明
劉，一面又詢華府談話會，有效討論遠東問題之可能，
藍答恐成數不多。沈將部長日前對美館參議所談意見
陳述，藍謂宋部長似可相機提出，謹聞。傑，漾（廿
三日）九號。

北平劉崇傑來電

民國廿二年四月廿六日

南京外交部：密，極密。今午沈司長往晤法韋使，以其
在京謁部長時，曾主張由英、美、法出面要求雙方停
戰，詢其返平後已否與藍、詹接洽，韋答當時華北情勢
更為嚴重，極堪憂慮，確有意斡旋。返平後首與藍、詹
晤談，惟因余等未審日方是否同意，亦未明雙方對於停
止衝突之具體條件如何，故未積極進行。現在似有轉
機，日軍正在撤退，似無須進行商議。若華軍果不反
攻，則事實上不相接觸，惟日方撤兵，是否出於策略，

或因其他理由，仍須注意耳。沈謂日方撤兵果屬誠意，我當不反攻，但無論如何，我方決不簽訂任何停戰協定。倘日軍再來侵犯，我只有竭力抵抗，是時貴使似應出面積極斡旋。韋答自當盡力幫忙。頃將接見日本使館中山參贊，或有消息云，沈託其順便探詢日方真意，特聞。傑，宥（廿六日）第二十號印

北平劉崇傑來電

民國廿二年四月廿六日

南京外交部：藍使約美詹使便餐，當將政府意見詳婉告之，詹言當報告政府，並與英使接洽。傑詢有可能性否，答且看華盛頓回電，彼對我方希望事實上停戰之理由，甚為了解。傑意此事關鍵，仍在藍使。應格蘭昨今有無來謁，如何措詞，至念。詹又言宋到華盛頓時，英、法兩代表計已回歐，宋到美如希望談及遠東問題，當併電告政府云。崇傑。宥（廿八）第十八號。

北平劉崇傑電

民國廿二年四月廿六日

南京外交部。密，部長、徐次長勛鑒：極密。本日約藍使午飯，藍云頃接應格蘭謁羅部長談話報告，閱後對於中國方面究竟是否希望停戰，或其他辦法，覺欠明瞭，現在局勢若任延宕，日方恐復乘機前進。如係停戰，中國政府應將希望要點明白見示，亦以便探詢對方意旨，為避免種種誤會及足以妨礙根本問題者，當然亦應預先言明，或書明此事，本人祇可從中斡旋，不願自動提

議。傑當將國防委員會第二十五次會議錄，所定方針及
歷次電部意旨，演譯告之。請其對日方最少程度有勸告
之舉，並謂日方一面宣言不再前進，一面仍繼續戰事，
如侵犯平津，我方惟有盡力抵抗，盼友邦自動的出面。
至停戰一事，只須做到事實，不能有任何文字，汪院長
來電亦是如此主張。藍云各國對日勸阻一節，目前恐難
做到，如中國政府欲令電倫敦，自當照辦，但於未充分
明瞭中國希望以前，衹好靜候消息，等語。彼亦認此次
情形與上海不同，又以為斡旋停戰較勸阻為易，但恐須
用文字，傑言何妨易先電告倫敦，彼仍執前說，當答以
即報告羅部長云。談話中彼未明提與夢麟接洽各節，傑
亦未便明提，再沈司長與藍使談話業已電聞不贅。傑，
有（廿五日）第十七號

北平劉崇傑來電

民國廿二年五月十二日

南京外交部。密。部長、徐次長勛鑒：昨英館臺參贊
稱，藍使因病特囑來詢最近情況。臺言個人意見，華軍
倘不及早設法撤退，戰局恐漸擴大，只須兩軍自行接
洽，互相撤退可矣。余知關於此事，文字規定，貴國政
府必辦不到，且亦不敢，至日飛機來平，余已料及。臺
口氣於中國方面似反有微詞，臺又詢新設北平整理委員
會管轄區域，及各委員能否合作，並查黃委員長到平確
期，是否已有準備與日接洽，結束北方現在局面，等
語。傑已按條加以說明或駁斥，並告以中國自九一八以
來，抱定與國聯及友邦合作宗旨。各友邦即為議決案之

支持者，除非各國明白不能履行應盡之義務外，中國不能半途變更政策，而另有單獨行動。對於戰事，日方果有誠意，本可避免，兩方軍事實情，人人知之，日方之欺瞞的宣傳，尚望友邦加以注意。黃委員長係秉承中央辦理北方政務，具體事績就職後自可明瞭。臺言國聯任務於完成議決案後，已告一段落，況日本今已宣言脫退國聯乎。傑答本人看法不同，又本年沈司長晤美詹使，非正式探詢倘日軍進攻平津，美取如何態度，詹答個人觀察，美與國聯相同，恐祇於道德上後援，不能有具體積極的援助，此時對日制裁恐辦不到。沈謂中國深知外患須自力抵抗，亦知列國現狀不易對日實行有效的制裁，惟平津現受日軍威脅，影響重大，友邦尤其美國似應有進一步的表示與舉動，以為國際公約及國聯決議。詹謂美對華雖深表同情，但對時局似不欲捲入漩渦，除注意戰局之發展，臨時應付外，恐不至有積極的舉動。沈詢三使仍有意出面斡旋否，詹答縱有意恐無實效，徒招日軍閥之反感云。崇傑，文（十二日）五十三號印。

北平劉崇傑來電

民國廿二年五月廿二日

即送部長鈞鑒：極密。何部長命傑於明早十時晤在平領袖公使，以口頭告以何部長宣言，中國對日始終遵國聯決議案，決不自動擴大軍事，平津為各使節商民駐所，尤竭力避免牽入。乃日軍自造種種口實，極力擴大，刻已逼近平津，戰機日迫。中國在國家立場上，欲求避免

戰事，似已不可能，本委員長對在平津各友誼官商仍力謀保護之方。惟責任所在，日軍如進逼平津，本委員長應具防守最後之決心，亦屬當然之職責。因貴國使館及僑民多數所在之地，特以友誼的將本委員長之決心奉告，等語。並託其轉達各使，傑自應照辦，謹急電告，尊見如何，盼火速賜示。傑，養（二十二日）七十五號

致北平劉崇傑電

民國廿二年五月廿四日

北平劉次長勛鑒：密。本部頃為軍委會擬復徐庭瑤軍長漾亥電一件，經汪院長核准，已交軍委會拍發，該電全文如下：擬復徐軍長漾亥電，日方即破壞辛丑條約，及其他條約，利用使館界及鐵路運兵之特權，向我攻擊，我方在原則上自無顧慮條約拘束之必要。惟使館界之關係國甚多，處置不慎，事態或更嚴重，茲對於所詢各點，擬定辦法如下：

（一）封鎖使館界之城門，須俟日軍實行以該界為根據地向我攻擊時，始可為之。在決定封鎖之相當時間前，並須經外交當局正式通告界內各友邦使館。

（二）日軍果行攻城時，我方自可用任何方法阻止日方運兵，彼時各國大概不致有所謂國際列車，萬一有之，亦可事前阻止。

（三）日軍既由使館界內向我射擊，我軍自可向日軍營還擊。惟界內使館林立，難保彈火不著落其他使館內，致其他使館以自衛為理由，向我還擊，故在我軍須加以相當注意，並務須於事前用外交方式通告各友邦使館。

至通告內容可稱日軍現已進逼北平，該處和平已無法維持。使館界內原駐有日本武裝隊伍，但若以使館界為根據地向界外攻擊，絕非條約所許。故在此情形之下，中國軍隊為自衛計，對於使館界之交通，及由界內之攻擊，自得採取必要之手段，因是所生之結果，應完全由日本負責。此項通告非至萬不得已時不發，但仍須留相當時間，俾各使館為避免損失準備，等語，請與徐軍長接洽。外交部敬○○六○號。

北平徐庭瑤來電抄件

民國廿二年五月廿四日

限即刻到。南京委員長蔣鈞鑒：密。職奉代委員長何令，擔任北平市城郊防守任務，自應不惜犧牲，與敵作殊死戰。惟查日軍現駐守東交民巷，步砲戰車聯合兵力，約有千餘名，又散布城內在鄉軍人約千餘名，今日復由津運平保僑兵五百人。關於辛丑條約妨害我軍行動，即便利敵軍之處，有所顧慮，應請示者如下：（一）沿交民巷城牆約四里及城門一個，屬使館界，不容我軍佔領，該所城門必要時可否打破辛丑條約，予以封鎖。（二）於敵攻城時，可否不顧辛丑條約，阻止日軍利用國際列車運兵。（三）敵由使館界兵營向我砲擊，我軍可否對使館界還擊。均乞電示遵行，職徐庭瑤，漾亥參印。

三 日本外交陰謀

北平劉崇傑來電

民國廿二年二月五日

南京外交部羅部長勛鑒：密。三十五號支電敬悉，傑此次北來，東京電通聯合各社通訊謂體中央意旨，欲將榆案局部交涉，初就訪中山書記官被拒，後就近視察秦皇島情形，日方無意折衝，因此斷念。傑並未確晤日館人員，亦無前往秦皇島事實，無端造謠，可惡之極。此次須磨所言，足見彼方始終欲以局部解決誘惑我方，以期淆亂國際聽聞，傑遇報館及各界談話，常以表示東省係全國整個問題，解決者不止榆案。就榆案言，日本一日不撤兵，與吾國無商談之機會，日前晤張遠伯，言自傑來平，日方煽惑漸差。再三十二號電計達，石河、秦皇島及灤東各處，雙方軍隊對立，既無正式宣戰，亦無所謂停戰，與滬戰情形絕不相同，狀態至為特殊。但隨時均可接觸。榮常委所謂為目前急待應付，希將劃出防區宣布中外，如於防區內捕得間諜或軍人及其他有礙中國軍事之進行者，無論中外人等，應照防區內戒嚴令辦理。應請急商軍政機關，從速研究確定辦法，以便轉告，俾前方將士有所遵循。又晤何柱國方面之人，前方困難情形固為國人所共諒，但萬不可與日本簽押任何方式之字據。傑，歌（五日）。

北平劉崇傑來電

民國廿二年二月廿一日

南京外交部部長、徐次長勛鑒：○密。五十五號。頃據

德使談，本日接其駐日大使電稱，日政府發表內閣議決原則上退出國聯之消息，語頗紆曲模稜，揣其用意，似係冀於大會前再施牽掣之計，以使不欲其退出國聯者投反對票，手段至為細巧，各方軍事有大規模準備云云。此係個人看法，姑以密告，等語，謹聞。再西園寺、內田先後與幣原晤談，幣本主張協調外交，大足注意。今日英、德兩使亦談及此，蔣公使平日與幣派若有往來，此時當易於反抗，探他方消息，部中如未得此項報告，可否電詢？請裁酌。傑，廿一酉。

劉次長晤日使館書記官中山詳一問答

民國廿二年三月十一日

三月十一日上午十一時半，劉次長會晤日本使館一等書記官中山詳一問答，通譯官原田龍一同來（十日，中山詳一電話外交大樓請謁劉次長表示敬意，並請定期接見，告以明日上午十一時半來見。）

中山云：去年四月間國聯調查團來平，于公同聚會中曾晤貴次長數次，今日特來表示敬意。

次長云：初聞足下在平，向未謀面，今日把晤，方知足下即所聞之中山也。

中山云：報登沈能毅君對中外記者談話，云中央將派四十師團北來，已到二師團，即將續到三師團，北方日僑聞此消息，甚為注意，究竟確有其事否？

次長云：報紙所登不可盡信，中外皆然，余閱報只作一種新聞觀，至其真偽，總以事實為判斷。

軍事非余職務，本不預聞，沈君許久未晤，
無從證實，本國軍隊在領土內本可任意調
動，無足奇怪。

中山云：本人對於華北尤以北平、張家口一帶治安問
題，最為關切，即日僑雇用洋車，亦嚴告彼等
照價付給，勿為口舌之爭，免生事故。

次長云：今日本為任便寒暄，以余私人觀察，聞日本駐
平衛隊及義勇隊常常排隊至熱鬧大街演習，市
民驚擾。就足下注意治安論，此種行為殊違背
足下嚴告日僑僱車勿爭之精神。

中山云：日來各報紛登奪回承德之論調，因此日本軍民
間空氣趨於嚴重。

次長云：此乃極尋常極普通之知識，凡一國領土喪失，
其國民均有擔荷用何方法恢復之責任。

中山云：聞張辭職確否？

次長云：中央業已照准。今日政府係在南京，足下在平
職務當較清閒。

中山云：北平日僑尚多，關於治安問題極須時時注意。

次長云：留平日僑若干？

中山云：日本約有一千人，朝鮮五、六百人，臺灣五
十人。

次長云：在余留平期間，足下如欲圖晤儘可來談。

北平劉崇傑來電

民國廿二年四月廿五日

南京外交部。密，部長、徐次長勛鑒：極密。前日天津

日領桑島約王叔魯到津面談，據稱，本人與來津遊歷之亞西亞局某課長擬一私案，以為東京及關東軍首腦部均決定不入關，灤東方面日軍可退至長城，華軍亦不再前進，其灤東區域當然由中國官吏及保安隊等。古北口、喜峯口方面亦定相當地帶同一辦法，均由兩方前線將領自行接洽，不必有任何書面簽字之方式，只說雙方軍事上之必要自由移動，不作退兵形式。如中國軍事當局贊成，雖敝課長昨已離津回國，可由本人電告，想政府可以照辦云云。關於此事，昨在何部長處談話，黃、陳兩部長伯誠、夢麟、叔魯、崎、弟在座。結果以未得宋部長華盛頓報告，及藍使未復夢麟以前，暫擱此消息。何部長未報告以前，絕對秘密，免生枝節。明日分別約藍使午飯、詹使晚飯，遵三號、四號、五號、六號各電與作非正式談話。傑，敬，夜十五號。

北平劉崇傑來電

民國廿二年七月五日

南京外交部部長鈞鑒：極密。桑島來平辭行，本日與談一小時。彼謂兩國交涉，向有頭痛醫頭之嫌，彼此不顧對方國民特性，不求好意諒解，勢必種種糾紛循環而生，兩皆受損。過去事雙方皆有責任，此後望共努力推誠，開闢新局面，兩國各界人士，時相往來，尤為要著，如有難題，可否或同時以私人資格盡量通信討論，等語。桑語甚含蓄，似於彼邦軍閥專政不甚愜意，月半離津，聞將升任亞西亞局長。崇傑，歌（五日）一二一號

四　日本恫嚇性的言詞

致北平張學良劉崇傑電

民國廿二年二月四日

北平張委員漢卿兄、劉次長勛鑒、南昌蔣委員長賜鑒：
本日須磨來談，表示榆案有局部解決之必要，否則恐再
起誤會，勢如燎原，更難遏止。弟謂時至今日，斷無局
部解決之理。日軍來去榆關，儘可自便，日軍已經拼
命，如再拼命，亦無所畏，刀槍一日架吾胸前，吾一日
不能與日本說話。須磨留京一、二日後返滬，特聞。羅
文榦，支

北平劉崇傑來電

民國廿二年二月廿三日

南京外交部密，部長，徐次長勛鑒：五十八號。昨午
日館中山秘書訪爾和堀內訪作民，謂偽國必取熱河，
日以協定關係，共同動作平津，中國對彼若無壓迫，
必可無事，等語。此種狂言，只有不理，姑電聞。
又，本日路透社謂：偽國昨夜有電致南京，確否。傑，
二十三日。再，林敦民兄鑒丹麥公使遞國書日時，盼
速電示，傑。

北平王光來電

民國廿二年四月廿一日

部長、次長鈞鑒：密。中山參贊昨日會晤外國記者數
人，中山最初謂灤東作戰之隊伍為獨立軍隊，並非日本
或滿洲國之軍隊。後經該記者等再三追問，始承認實為
日本軍隊，中山並承認日飛機日前曾飛通州偵查。中山

最後宣稱，華軍在古北口如繼續反攻，騷擾日軍，則日軍不能再忍，將長驅直下云云。又職今午訪美使詹森，彼謂日本政府未曾聲明將進至長城為止，但彼個人以前意見，以為從財政負擔方面著想，日本當不致侵入長城以南。但揆諸目前情形，可見財政負擔決不足牽制日本青年軍閥之野心，日軍頗有侵佔平津之可能，云云。詹使本定下月九日赴京，現因時局關係，屆時或將改期。職王光叩，號（二十）二。

北平劉崇傑來電

民國廿二年五月五日

南京外交部（三十八號）部長、徐次長勛鑒：密。今晨須磨來訪談話，無非帶虛嚇口氣，謂如有妨害滿洲之建設等，當盡力排除。傑與駁辯半小時，彼不得要領而去。據言擬四五日後繞道漢口南下。傑，微（五日）。

北平劉崇傑來電

民國廿二年五月六日

南京外交部：卅八號電計達。須磨談話，尚有日本工商界亦要永久和平，目前雖再損失亦所不辭，全國一致援助建設滿洲國等語。四日陸軍當局談話，復有為達到最高最善目的計，不惜犧牲之聲明。頃何部長言，據探報：日軍決意積極進攻平津，似因近日國際空氣對日緊張，故欲先發制人，囑傑設法探詢各使意見。何部長已詳電汪院長，今晨何、黃特集宋、傅、商、徐、龐諸將會議，並聞。崇傑，魚六日，申第卅九號印。

第二節　日關東軍侵擾察哈爾及大灘會議

一　日軍騷擾察省

京城范漢生來電

民國廿四年一月十九日

南京外交部部、次長鈞鑒：密。關東軍企圖察哈爾，聞有密請朝鮮軍派飛機援助之說。謹聞，漢生叩。

外交部駐平特派員辦事處呈

民國廿四年一月卅一日

為呈報事，竊查察東日偽軍隊之進擾，自前年塘沽協定簽訂以來，察屬之多倫、沽源一帶，時有日偽軍出沒其間。察省駐長城外沽源一帶防軍，為數無多，間有民團。惟日本強指沽源以東長城以外之地域，屬諸熱河，所駐民團，亦且為察省軍隊所改編，屢次爭執，察省當局，有允將駐軍於去年底退進長城內之說，因未實行，致起衝突。日來經過情形，業經電陳在案，本日晤日使館武官附高橋坦，據稱：「現東柵子及北柵子，有少數日軍扼守，駐張家口之日本軍事聯絡員松井刻已抵平，正在磋商辦法，以期本事件早日解決」等語。熱河自淪陷後，察東長城外轄境，本處於危險地位，惟電通社所傳日本駐美大使館所發表之真相，謂此次衝突，係在熱河境內，似此顛倒事實，淆惑觀聽，殊堪注意。茲謹將報載該電剪黏附陳，連同譯文，敬祈鑒核。謹呈部、次長。

附呈剪報一紙。

駐平特派員　程錫庚

行政院秘書處抄轉萬全宋哲元電

民國廿四年二月一日

分送南京行政院院長汪、軍委會委員長蔣，分送北平軍分會委員長何、政整會委員長黃鈞鑒：永密。查日偽軍在察東各情形，經敬日電呈在案。自有日迄今，除日機每日至沽源及獨石口一帶低空窺察，或派人至四道溝掠取民食，及至石城堡宣傳威挾等情形外，尚無其他行動。茲據赤城縣長張維衡儉電報稱：據獨石口鎮長張元勳呈稱，本月漾日，日偽軍以大炮轟炸東柵子，我方傷士兵二十餘名，百姓一百零五人，死三十餘人。同日日偽飛機三架，在東柵子一帶擲彈八枚，傷百姓四十三人；柵口落彈六枚，毀房數間，城內傷十九人，死四人，未至醫院處死十六人；毀房卅七間，戲樓數座。敬日，日偽飛機先後共來四次，每次三、四架，共計擲彈三十餘枚，毀房地十餘處，傷百姓五人，死七人，馬四十八匹、羊一百七十四隻、牛十九條、猪十三口、狗九條。有日，來城八架盤旋城內上空數週，幸未擲彈。後在東柵子山路炸死逃難人民四十七人，孩童二十三口，馬牛車十七輛，等情。除由縣長派員前往查勘，並妥為安撫傷亡人等及其家族，暨拍照片以昭核實，另文呈送外，理合先行具報，伏乞鑒核施行。等情。據此。除分電外，謹聞。職宋哲元叩，世政印。

北平何應欽來電

民國廿四年二月三日

衛略：據陸軍廿九軍長兼察哈爾省政府主席宋哲元報告，察東事件，經派第廿九軍第卅七師參謀長張樾亭，率同隨員沽源縣長郭堉塏、察省府科長張祖德，於二月二日前往大灘，與日軍第七師團第十七路團長谷實夫、第廿五聯隊長永見俊德及松井中佐等，於是日上午十一時，在該處會商，口頭約定解決辦法如左：察東事件原出於誤會，現雙方為和平解決起見，日軍即撤回原防，廿九軍亦不開入石頭城子、南石柱子、東柵子（長城東側之村落）之線，及其以東之地域。所有前此廿九軍所收熱河民團之步槍計三十七枝，子彈一千五百粒，準定本月七日由沽源縣長如數送到大灘，發還熱河民團，等語。察東邊境糾紛事件至此完全解決，知注謹聞，等語。軍事委員會北平分會代委員長何應欽，江（三日）

二　日偽強行接收察省延慶縣永安堡

張家口察哈爾省政府來電

民國廿四年四月十三日

南京外交部勛鑒：密。據延慶縣長王乾一報告，略稱最近日人時帶偽軍至縣屬永安堡、岔石口兩鄉，強迫鄉長副等將戶口地畝清冊交出。並聲稱該處係屬偽境，限一星期報由我國官府速來交涉，否則派隊強行侵佔，等語。雖經鄉長副等婉拒，惟民情憤激，咸欲集合連莊會與之抗拒。究應如何應付，請核示，等情，附抄件三紙，據此，除詳情及抄件另文函送並分電外，特先電請

查照核復。察哈爾省政府，覃（十三日）政。

外交部駐平特派員辦事處代電

民國廿四年四月十五日

南京外交部部、次長鈞鑒：密。查偽國地圖，擅將長城外冀察轄境劃入偽國境內，曾於一月二十九日呈報並附送地圖在案。按照此項地圖，察省長城外獨石口東南均在偽國境內，惟最近日人所印行之地圖，又將獨石口、沽源以西至張北縣之長城外土地劃入偽境。駐屯軍梅津司令、酒井參謀長及其他軍官等，屢次前往張北查勘，均非尋常遊歷，殊堪注意。謹電奉陳，敬祈鑒察。錫庚叩，元。

北平岳開先來電

民國廿四年五月七日

南京外交部鈞鑒：密。皓（十九）電敬悉，職於號午來平，前經電陳在案。當即秉承何委員長往晤高橋武官，按照察省府寧電報告各節，妥向交涉，據云，該處情形渠不甚明瞭，俟電詢明確再行答復。延至微日，據稱，永安堡東方二里許有既短且低城一道，並非長城，西方三里許纔是長城，附近土人咸謂永安堡向歸熱河灤平縣所屬，僅據該堡內一部份居民，稱係延慶縣屬境。現在該處調查隊擬日內改為宣撫隊，等語。職復向據理力爭，不稍讓步，高橋表示好感，始允轉電彼方，互相切實調查，究屬何處管轄，再行妥商辦理，云云。將來結果如何，除與省府接洽隨時具報，並分電外，謹將交涉

經過，先肅電聞，特派員岳開先叩，魚
附註：皓去電係日偽軍至延慶縣之永安堡、岔石口強
索戶口地畝清冊，並稱該處係屬偽境，希交涉制止由
電報科謹註。

河北省政府快郵代電

民國廿四年五月九日

外交部勛鑒：密。據薊密區股專員報稱，案據密雲縣長
章維燮佳代電稱，案據職縣第二區公安局白馬關分駐所
巡官吳治平報稱，四月四日下午一時，有熱河省灤平縣
河口警察署署長佟灼三，率日籍國際警一名，華籍地方
警察五名，由白馬關入境，攜步槍七枝，全副武裝來所
掛號。面稱奉令劃邊，凡長城線外，概劃入熱河省界
內，並栽置界石，張貼佈告，以資識別。休息片刻，向
由馮家峪出口，職當派警沿途照料，免滋誤會。茲檢得
佈告一紙，事關國防地權，未敢壅於上聞，合將鄰境軍
警進境出境日期，詳情佈告，具文呈請鑒核，等情。附
呈灤平縣公署第八號佈告一紙，據此。事關國防主權，
縣長未敢擅便，理合檢同原佈告，電請核示飭遵，等
情。理合鈔同原布告，電請鑒核訓示祗遵，等情。附抄
呈原布告一紙，據此。除轉呈北平軍政兩會鑒核外，特
抄原附件電請查照為荷。河北省政府，麻交秘印。
附抄送原附件一紙。

照抄原附件
熱河省灤平縣公署佈告第八號

為佈告事，照得我滿洲建國以來，三年中，賊匪肅清，
道路完成，地方安謐，人民樂業。一切負擔，均皆減
輕，苛捐雜稅，悉數蠲免，洵王道之樂土，世外之桃源
也。凡我國人，無不歡欣鼓舞，共相慶幸。乃本縣西境
永安堡、上廟、大莊戶等處，地居長城之北，按照北支
協定，當然為我滿洲國領土，亟應由本縣接收治理，以
重主權。當經呈奉熱河省公署指令，飭即迅令警務局前
往接收，以清界限，並佈告各該處民眾，一體知照勿
違，等因奉此。茲特委湯河口警察署署長佟灼三，尅日
馳往分別接收。該署長到時，地方人民，務必各安生
業，切勿驚疑自擾。須知此次接收，係按照北支協定
辦理，所有華方官吏，限即日退出，聽憑接收，否則
加以驅逐。合亟佈告，俾眾週知，其各凜遵勿違，切
切此佈。

縣　長　陳學裕
參事官　植田正秋
康德元年十二月二十八日

外交部駐察省特派員代電

民國廿四年五月十四日

南京外交部鈞鑒：密。竊查察省延慶縣屬永安堡糾紛一
事，業於真日大略電陳在案，茲將高橋抄來渠與承德特
務機關往來電文，附註渠之意見，並由職據理駁覆情
形，分別另紙附呈。仰祈鑒核，俯賜指示祇遵，除隨時
報告並分電外，謹聞。特派員岳開先叩，附抄件二紙。

抄件

五月九日日使館高橋武官面交來件直譯

自北平武官致承德特務機關，五月五日：

　　永安堡、岔石口附近雖明瞭在長城以東，但望勿由一方的隨意處置。祈依穩便之手段，解決為盼。

自承德特務機關致北平武官，五月七日：

　　永安堡附近在長城之東方約三華里，明屬滿洲國領同地方，元來為延慶縣屬，因灤平當局至今日尚未接收，住民亦自稱非滿洲國，租稅亦係在延慶縣交納，但因在長城以東之故，自應與前興隆縣、青龍縣所屬長城以北之土地同樣，當然屬滿洲國領。

　　長城以東以北之地區，今更無與中國方面協議決定之必要。但因北平武官之希望，暫不為宣撫工作，只行調查。

高橋之意見

　　觀以上情形，在本人（高橋自稱）之地位，亦難以協議之結果，捨去我方之主張，並望中國方面相讓為穩，不必以一小地致起爭端。

　　所謂以合議形式之解決或事前調查，望斟酌辦理。

抄件

頃閱抄來電文，知承貴武官致電承德特務機關，以永安堡、岔石口勿由一方的隨意處置，祈依穩便之手段解決，等因。具見尊重睦誼矚目遠大，曷勝感佩之至，惟對於此事之意見，有不得不為貴武官詳細說明者。

一、前承貴武官云，永安堡東方之城，並非長城，西方

乃是長城一節，惟屢經根據我國公文及地圖，該堡東方
之城，實係長城。

一、承德特務機關來電，亦云永安堡係延慶縣屬云云，
且援引興隆、青龍兩縣故事為比例。查塘沽協定成立以
後，已及二年矣，貴我兩國關係，日見好轉，殊不能引
當日情形為比，致因小事而起糾紛。

以上各節為尊重貴我兩國親善之誼，不得不婉曲述明，
倘能轉達貴方，於目下親善提攜之際，不議及此類細微
而艱難之問題，實為大局之幸，即使必討論此事，應俟
切實調查從長計議，方為妥善。

察哈爾省政府轉延慶縣長報告抄件

民國廿四年四月十三日

（一）頃據第五公安分局巡官李振亞先後報稱：本月五
日，有偽方豐寧縣公署警務指導官東仁三郎私信二件、
名片二張，派人送交本縣所轄白門井村村正楊書鳴，由
楊轉送於後所屯村正李寶田，由李寶田將該原件繳呈查
閱，內容措辭荒謬，希圖恐嚇愚民等語。

（二）原件內有松樹樓、對臼梁等郵名，查松樹樓為延
慶白河堡之附郵，對臼梁為延慶後所屯之附郵，均在白
門井以北，白門井距延慶劉斌堡二十餘里。

（三）又本月四日上午十二時，日人一名帶偽軍十餘
名，到本縣所屬四海冶以南長城各要口拍照像片，並
將四海冶以東邊墻外我轄區域各地繪圖，旋轉永安堡
返回偽境，該日人等到達永安堡時，對於該鄉長副等
百般威嚇，催交戶口地畝冊，經該鄉長等婉詞支吾，

始悻悻然去。

（四）又據該巡官電稱：據永安堡鄉長王寬，岔石口鄉長王立生，於本月七日到劉斌堡分局報稱，該管兩村自日偽乘機擾亂後，幾如無日不來，無時不勒索戶口冊、地畝冊等項。且兼每次之來，均有武裝偽軍十數名之多，受一日人帶領，威脅恫嚇，百計皆出。揆其用意似有非佔領永、岔兩村不能甘心。查我永、岔兩村毗連偽境，山道險巇，地勢寬濶，且與冀省之昌平接壤，苟若置之不問，一旦失守，不惟與北平之出入大道隔絕，誠恐發生戰事，彼利而我有害也。加之我永、岔之民皆中國之民，夫中國者，我永、岔之祖國也，永岔之地抑我中國之地，上峯是何袖手旁觀，置若罔聞。望求巡官迅速再報，星夜派兵鎮攝。如稍遲悞，則我永岔民眾之亡國奴即在目前矣等語。查永安堡、岔石口一帶，客歲十月，即被日偽派員繪圖劃為偽界，茲次驟然思圖侵佔，實屬事前有備。究應如何應付？謹此電稟示遵，等語。

（五）又據該日人等向民眾宣稱：限一星期報由我國官府，速來交涉，否則派隊強行侵佔等語。該處一帶居民均極驚慌，群相要求我之保安隊分開劉斌堡、四海冶駐防，以維人心。

（六）本縣東邊一帶之聯莊會組織情形，前經報告。茲處此情勢之下，人民憤激萬狀，咸要求與之一戰。經縣長再三安慰，飭候命令，但伊等表示如再壓迫過甚而仍無辦法時，則不待明令與之一決雌雄。

（七）綜據以上各節，理合抄同附件，合併報告，務祈根據前後所報，速向該方提起交涉，並可否增調保安隊

開赴劉斌堡、四海冶等處駐防，以鎮地方，更盼不時示
以機宜，俾資遵守，或飭發安定人心之佈告，向民眾有
所表示，是否有當？理合報請鑒核示遵。謹呈察哈爾省
政府主席宋。

附呈抄件三紙。

代理延慶縣縣長　王乾一

抄件

諭

千家店鄉，西南四十餘里，栢木井村（即白門井），
松樹樓，碓家梁村（即對臼梁），村民代表人鑒：自
滿洲建國以來，迄今四載，惟長城線以東，均是我大
滿洲國之領土。近聞該村民對於交納國稅仍向中國方
面完納，殊屬不明大義。仰該村民速舉代表人，於本
年陽曆四月十五日親來豐寧縣公署，有要事面諭。如
違誤不到，再照舊辦理，定當去隊討伐，到那時候悔
之晚矣，切切此諭。

豐寧縣公署警務指導官　東仁三郎
康德二年四月三日

抄件

逕覆者：來函已悉。查前令該村填造戶口清冊，限一星
期內呈送來所，以憑存查在案。今又討限兩星期，乃與
前令不合，實屬有意搪塞，礙難照准。仰仍迅速辦理為
要。再該村已劃歸滿洲國，現在是否承認，務速函達，
以便報告上憲核奪。事關功令，勿延為要。此致永安堡

村合會殿。

湯河口警察署琉璃廟分駐所啟　四月五日

抄件

有何理由，面諭分別，如若違令，定武力從事，該各閭
鄰花戶等遵照。

花盆分駐所長行
康德二年四月二日

抄件

為諭遵事，茲查本所管境千家店鄉，栢木井、松樹樓、
碓家梁各村，乃係我滿洲土地。中滿會議決後，長城以
外為滿洲國土地，長城以內為中國之土地，而該各村為
何不受我國之治度義務，本所定於陰曆三月初三日開民
眾大會，仰該各村閭鄰長遵照勿違。切切此諭。

本所長
康德二年四月二十八日

北平岳開先來電

民國廿四年六月十九日

南京外交部兼部長、次長鈞鑒：○密。案奉軍分會抄交
宋主席佳、真兩電，以永安堡、四海冶先後被日偽軍佔
領等因。職迭晤高橋切實交涉，據云地已進佔，無法挽
回等語。昨又向晤談，渠對此案竟堅詞謝絕交涉。職查
該處與先被佔去之昌平縣屬大莊戶毘連，日方先用欺騙
手段，意欲我方含胡放棄，即經職根據地圖據理力爭，

一面將經過情形及詳略各圖，先後電請指示方針在案。地涉冀察兩省邊境，彼竟利用平津事件吃緊之際，恃強進據，實已超越地方範圍。高橋理屈詞窮，謝絕交涉，在平即無法進行。除逕電，敬乞鈞部主持辦理訓示祗遵。特派員岳開先叩，皓。

張家口察哈爾省政府電

民國廿四年六月廿七日

南京行政院院長汪、北平軍分會委員長何、政整會委員長王鈞鑒、南京外交部勛鑒：○密。據延慶胡縣長有子電報稱，聞隊長李巡官報告，偽方派人招集延慶屬四海等拾村，昌平屬二道關、杏樹臺、二村各村長，在珍珠泉會議，索取戶口地畝清冊，及勒逼供給等事。查偽方節節進據，確屬無厭之求，若久懸不決，誠恐本縣東部將非我有。且防禦所恃僅一聯旅，人少力單，亦難久持。伏乞提出交涉，早日解決，俾拯民水火，藉安邊隅，至為叩盼等情，據此，除飭嚴密防禦外，謹聞。察哈爾省政府，感政。

三　日人圖在內蒙製造事端

北平何應欽代電

民國廿四年七月六日

南京院長汪、軍事委員會鈞鑒：密。據綏遠傅主席作義先電稱，昨晨有日人駐蒙特務機關長盛島南芳，由張垣來綏，未帶護照，言態強橫，不無尋釁企圖，因軍警應付周妥，未出他端。伊向職以私意談述四點：（甲）綏

省以往監視日人太嚴。（乙）他省黨部均取銷，惟綏活
動甚力，省府何以極意保護？（丙）德華洋行擬即在綏
設行與外蒙通商。（丁）張北事件即係余派人前往，各
語。查該日人談話尚非正式，惟此後如何？未克臆測。
至德華係在張垣專營張庫通商之洋行，前曾來綏請求立
案，職因種種之關係，尚未准，並附陳等語。除復傅主
席務須妥慎應付外，謹電鑒察。職何應欽，冬秘。

行政院秘書處函送軍委會北平分會電抄件

民國廿四年七月廿四日

奉院長諭：「准北平軍委分會銑電報告，日方儀我大佐
飛寶、沽偵察，暨熱、察、蒙旂及百靈廟蒙人聯合組織
蒙古政府，現正進行中等情到院。應抄送外交部、蒙藏
委員會及國防會議。」等因。除分函外，相應抄同原
電，函達查照，此致外交部。

計抄送原電一件。

行政院秘書長　褚民誼

抄北平軍委分會原電

急。成都委員長蔣、武昌委員長行營、南京軍事委員
會、行政院、參謀本部、北平政整會：○密。據第
二十九軍司令部元電稱，據報：（1）真日有山海關日
方特務機關長儀我大佐，及日人留浦乘飛機苛多文，
且挈一蒙人飛寶、沽偵察。（2）該日人在多宣稱：第
二十九軍已由察北撤退，成立蒙政府決無事礙。（3）
文申該日人攜蒙人多名乘汽車十四輛向多倫北方駛去，

聲稱前往檢閱蒙軍。（4）熱、察、蒙旂及百靈廟蒙人聯合一致成立蒙古政府，現正進行中等情。除飭詳偵外，謹聞等情。除電綏遠傅主席注意查報外，謹聞。北平軍分會，令總銑印。

行政院秘書處函送軍委會北平分會電抄件

民國廿四年七月十三日

抄北平軍分會原電

急。武昌委員長行營，分送南京行政院、軍委會、參謀本部：〇密。據察哈爾省政府江電稱，據延慶縣報告，駐四海冶、菜石河二村之匪軍共六隊，菜石河駐一隊，五、六十人，槍二、三十支，四海冶駐五隊，二百餘人，步手槍一百二、三十支，衝鋒槍四支，總隊長為汪敏如，係劉桂堂舊部，現正招募擴充，有進攻永寧及南趨二道關之企圖，又駐郭家灣、永安堡之匪約三百餘人，均黃色服裝，有步手槍一百二、三十支，馬十餘匹，首領係石友祿，各該處所駐匪雜各軍，子彈給養均由日方接濟，並統受日人參事官植田正秋指揮，日機每日來康莊永寧及縣城東一帶繞行等情。謹電轉陳，北平軍委分會，令總魚印。

四　日偽強行接收河北昌平縣

河北省政府代電

民國廿四年六月三日

外交部勛鑒：密。案據昌平縣長劉玉璞呈稱，前據探報，縣屬舊第四區沙峪村附村、莊戶、舊水坑、前柵

子、對界石、吉立溝、邊坑等六小村私投偽國等情，當經派員前往調查在案。旋據回縣面稱，查得該莊戶等六小村計住戶六、七十家，住居長城以北，係為沙峪村附村合為一鄉，每遇地方公益及攤款事項，均各附屬沙峪村辦理，現在確被偽熱河省灤平縣公署派員強行接收，有偽熱河省灤平縣公署佈告帶回可證等語前來。查此案關係省界問題，究應如何辦理，理合檢同原佈告及本縣地圖各一紙，呈請核示等情。查偽方警署長佟灼三等到密雲縣屬白馬關分駐所聲稱奉令劃邊一節，前奉駐平政整委會電飭嚴密注意，隨時查報等因到府。業經飭屬遵照，並以銑交秘代電轉請貴部查照在案，茲據前情除分報北平軍政兩會鑒核，並指令該縣仍行嚴密注意隨時查報外，特抄原附各件電請查照為荷，河北省政府。

卅申秘印。

附抄送原附佈告一紙暨地圖一紙。

行政院駐平政務整理委員會快郵代電

民國廿四年六月廿七日

南京外交部勛鑒：漾代電計達。茲前准軍分會馬令總電開，據昌平縣長劉玉璞號電稱：「查延慶四海冶等村盤踞團匪，業經先後電陳。茲據探報，該匪六月八日到果家灣等村縣境，民團在杏樹臺北樑防守。十五日，有偽滿洲隊三十餘名抵北樑下，聲稱收降土匪，要求杏樹臺二道關鄉長副接洽。據云，南至二道關屬偽滿地域，該處民團應速撤退，以備偽滿軍開進，是以民團退至頭道關，至十六日，該偽軍並未侵進，民團恐使土匪設計，

復以各分回原防，土匪仍在四海治、永安堡一帶盤踞，等情。正在電報間，適接偽灤平縣署參事官植田正秋自珍珠泉來函，內稱：『本月十六日敝參事官等出巡敝軍疆域，路過二道關等處，見有駐紮武裝團體六百餘人，均荷槍實彈，怒目森嚴，足見故意越境侵犯，無可諱言。查二道關一帶地方，距長城約二十餘里，駐紮武裝團體殊屬違反停戰協定公約，亟為不合，究竟該縣派遣武裝侵入滿洲版圖，意旨何在，敝參事官亟願明瞭其中情形，即請貴縣長於本月十九日下午親到珍珠泉面為處理，萬不可託故不到，致滋疑慮。倘在此期間發生事端，應由該縣負責。』等語。旋又接景陵分駐所報告，巧日午後二時該匪前進，縣屬杏樹臺村失守。」等情前來。查該匪在延慶縣界盤踞，有無背景，殊難懸揣，該植田來函亦無印章，且本縣並無軍隊前往，僅使邊境各村民團集合防匪，除函復謝絕前往，一面仍以警團注意防堵，並分報外，謹此電聞迅電示遵，等情。除轉電中央外，特電查照，即請轉飭交涉制止，並盼見復，正擬辦間，復接該會令馬令總電開，據萬軍長福麟皓參電稱，頃據騎二師黃師長顯聲巧午電報，稱：據本師第一團團長張迺騫呈報，案准昌平縣政府代電內開，前據密報，突有土匪二百餘名自偽熱河方面來至察屬永安堡、四海治等村盤踞，昨據昌屬白廟分駐所報稱，本月十四日得二道關村長報稱，由延慶屬珍珠泉來人，持偽灤平縣署參事官植田正秋之函，稱將昌平縣屬二道關、杏樹臺二村劃歸偽國，令該二村村長於本月十六日至珍珠泉會議等語，昌平縣當以恐係匪人誘票，轉告該村長等切勿前

往，以免扣留危險，乃今十六日又據景陵分駐所報稱，聞滿洲國軍隊騎兵三十餘名，於今早開進二道關鎮內，等情前來。相應電請查照，即希派隊前往防堵，以免流竄為荷，等因，准此。當即派遣祕探前往偵察，二道關確有偽國軍隊步騎兵百餘人，服裝不整、槍械不齊，類似匪人行動，未悉其有何企圖。此處距昌平約七十餘里，毗連戰區，因恐涉及外交，故未派隊防堵，等情。據此。理合將該團報告偽軍進佔二道關之情形，謹電奉聞，等情，另據河北張代主席宥申祕電，略同前情。除電中央外，應如何處理之處，特電轉達查照，各等因。除電復暨再電陳行政院鑒核，並電岳特派員知照，暨電飭河北省政府遵照前電辦理具報外，特再電請貴部轉飭程特派員會同岳特派員向日方妥切交涉為荷。行政院駐平政務整理委員會，沁祕印。

河北省政府咨

民國廿四年七月廿五日

案據昌平縣長劉玉璞呈稱：「案據縣屬第四區公安局沙峪分駐所巡官初香閣呈稱，七月三日，據洞臺村鄉長副來所報告，長城以外之附村三岔、黃土樑子、水泉溝、南、北葦臺、趙家坑等六小村現被偽熱河省灤平縣公署派員強行接收。該村等共有七十三戶，所有會中花費，歷向我村按十分之三攤交款項，刻下我村損失土地，特此報告。懇請轉呈等語，覆查無異，理合具文轉報鑒核俯賜轉呈，實為公便，等情。據此。查該三岔等六小村，均在長城以北，係縣屬洞臺村附村，與洞臺合編一

鄉，細核新印縣圖，只載有山岔（即三岔）、黃土樑子、葦臺（即南、北葦村）、水泉溝等村，未將趙家坑繪入，且水泉溝在長城以外位居三岔之北，而縣圖內則列在長城以南，蓋因各該村均係偏僻小村，未加注意，以致有遺漏情事。除新印縣圖前，因沙峪村附村莊戶等六小村，被偽熱河省灤平縣強行接收，業已檢呈並分呈外，理合將此次被佔各村繪具簡圖呈請核示」等情，附呈簡圖一紙；據此，查本府前據昌平縣呈報沙峪村附村莊戶等六小村，被偽方派員強行接收等情，業經電奉駐平政整委會豪電復飭交涉制止等因，經即飭屬遵照，並以六月寒日代電呈報鈞會鑒核在案。茲據前情，除分呈北平軍政兩會鑒核，並令飭薊密區殷專員併案交涉制止具報，暨指令該縣秉承專員妥慎辦理外，相應抄同原附圖咨請查照為荷。此咨外交部。

附送抄圖一紙。

外交部駐平特派員呈

民國廿四年七月廿五日

案查偽方盤據察哈爾省延慶縣四海冶等村，並土匪竄擾河北省昌平縣屬二道關等村事，前奉鈞部六月感電及七月東電，先後業以七月東代電、微電、魚代電呈報在案，並分別電達北平軍分會及河北省政府在案。此案經與高橋武官迭次交涉，據稱察哈爾省延慶縣屬永安堡、四海冶等村，在二年前，已劃歸「偽滿洲國」版圖內，實屬無權辦理。至「偽滿洲國」灤平縣公署派員強行接收河北省昌平縣屬大莊戶等六小村及最近接收三岔等六

小村，此事均無所聞，如果實有其事，當呈請關東軍嚴為制止各等語。經由處電請北平軍分會，迅將昌平縣轄大莊戶等十二村，前後被「偽滿洲國」灤平縣公署派員強行接收之年月日，及「偽」方接收員姓名，分別詳細列表送處，以便與日方嚴重交涉。除將致北平軍分會代電二件，軍分會復本處代電一件，河北省政府復電一件，軍分會抄送昌平縣呈文一件，另紙繕呈外，理合將此案交涉經過，先行具文呈報，伏乞鑒核，謹呈部、次長。

駐平特派員　程錫庚

附　致北平軍分會代電一件

　　北平軍分會復本處代電一件

　　河北省政府副本處代電一件

　　軍分會抄送昌平縣呈文一件

行府院秘書處函送北平軍委分會代電抄件

民國廿四年八月三日

武昌委員長行營、南京軍事委員會、行政院、參謀本部：案據昌平縣政府呈報，該縣轄境三岔、黃土樑子、水泉溝、南、北葦臺、趙家坑等六小村，現被偽熱河省灤平縣政府派員強行接收，等情。查偽方侵佔昌平縣屬莊戶、對界石、舊水坑、吉立溝、前柵子、邊坑等村，早經據報轉電政整會，並迭准覆開已轉飭外交部駐平特派員會同岳特派員交涉制止，等因在案，茲據前情。偽方侵佔昌平縣屬村莊更復向西展伸，距二道關、杏樹臺不過十數里，偽方在延慶縣境以匪軍佔領永安堡、四海

冶等村，更企圖向永寧城方向進展，在昌平縣境則以偽灤平縣派員強行接收。前據外交部特派員報告交涉情形。據日方聲稱，延慶縣屬四海冶、來食河、永安堡、郭家灣等村，昌平縣屬二道關、杏樹臺等村，經向承德王司令查明，迄未有偽軍開入。惟四海冶等村日方認為在長城以外，中國認為在長城以內，致有誤會，希望和平解決等語。外交上言詞閃爍，政治匪亂猶相輔併進不已，若非清澈處理，情況演變將無止境。除檢附要圖咨達政整會請即轉飭切實交涉，以安地方，而保國土外，特檢附要圖，電陳備查，北平軍分會，號令總印。

附要圖一紙，從略。

行政院駐平政務整理委員會咨

民國廿四年八月九日

案查前據河北省政府卅申代電陳報，昌平縣屬沙各村附村大莊戶等六小村，被偽方派員強行接收一案，業經電達貴部查照在案。茲復准軍事委員會北平分會令總字第六二一號咨開：「案據昌平縣政府呈報，該縣轄境三岔、黃土欒子、水泉溝、南、北葦臺、趙家坑等六小村，現被偽熱河省灤平縣政府派員經行接收，並附呈此次被佔各村簡圖，等情到會。查偽方侵佔昌平縣屬莊戶、對界石、舊水坑、吉立溝、前柵子、邊坑等村，早經據報轉電貴會，並迭准覆開已轉飭外交部駐平特派員會同岳特派員交涉制止，等因在案。茲據前情，偽方侵佔昌平縣屬村莊，更復向西展伸距二道關、杏樹臺不過十數里。偽方在延慶縣境以匪軍佔領永安堡、四海冶等

村，更企圖向永寧城方向進展，在昌平縣境則以偽灤平
縣派員強行接收。前據外交部特派員報告交涉情形，據
日方聲稱，延慶縣屬四海冶、來食河、永安堡、郭家灣
等村，昌平縣屬二道關、杏樹臺等村，經向承德王司令
查明迄未有偽軍開入，惟四海冶等村日方認為在長城以
外，中國認為在長城以內，致有誤會。希望和平解決
等語。外交上言詞閃爍，政治匪亂猶相輔併進不已，
若非清澈處理，情況演變將無止境。相應檢附要圖一
紙，咨達貴會即請轉飭切實交涉，以安地方，而保國
土。並盼惠復。」等因，准此。正擬辦間。又據河北
省政府呈稱：「案據昌平縣長劉玉璞呈稱：『案據縣
屬第四區公安局沙峪分駐所巡官初香閣呈稱：七月三日
據洞臺村鄉長副來所報告，長城以外之附村，三岔，黃
土樑子，水泉溝，南、北葦臺，趙家坑等六小村現被偽
熱河省灤平縣公署派員強行接收，該處等共有七十三
戶，所有會中花費，歷向我村按十分之三攤交款項，刻
下我村損失土地，特此報告，懇請轉呈等語。覆查無
異，理合具文轉報鑒核，俯賜轉呈，實為公便，等情，
據此。查該三岔等六小村，均在長城以北，係縣屬洞臺
村附村，與洞臺合編一鄉，細核新印縣圖，只載有山岔
（即三岔）黃土樑子，葦臺（即南、北葦村），水泉濤
等村，未將趙家坑繪入。且水泉溝在長城以外，位居三
岔之北，而縣圖內則列在長城以南，蓋因各該村均係偏
僻小村，未加注意，以故有遺漏錯誤情事。除新印縣圖
前因沙峪村附村莊戶等六小村，被偽熱河省灤平縣強行
接收，業已檢呈，並分呈外，理合將此次被佔各村繪具

簡圖呈請核示』等情。附呈簡圖一紙；據此，查本府前
據昌平縣呈報沙峪村附村莊戶等六小村，被偽方派員強
行接收等情，業經電奉鈞令，六月豪電復飭交涉制止等
因，經即轉行遵照在案。茲據前情，除分呈北平軍委分
會鑒核，並令飭薊密區殷專員併案交涉制止具報，暨指
令該縣秉承專員妥慎辦理外，理合照摹原附圖具文呈請
鑒核。」等情，據此。除咨復暨指令仰仍會同程特派員
切實交涉制止，並分令察哈爾省政府及岳特派員知照，
暨呈報行政院鑒核外，相應繪同附圖，咨達查照，即希
轉飭駐平程特派員會同該省政府遵照先今各令，併案切
實交涉制止具報為荷。此咨外交部。
附圖二紙。

行政院秘書處函送駐平政委會代電抄件

民國廿四年九月一日

南京行政院鈞鑒：案查前准軍事委員會北平分會咨，為
河北省昌平縣屬之大莊戶等十二村被偽國接收一案，經
飭據程特派員將交涉經過情形陳報前來，轉達查照到
會。業經令行河北省政府迅飭查明，並呈報鑒核各在
案，茲據該省政府將飭查經過呈復前來，除指令該省昌
平縣大莊戶等六小村，既經查明被偽國接收，應即遵照
前令，並將最近被佔之三岔等六小村，會同程特派員併
案交涉收回，以重國土，暨令察省政府及岳特派員迅將
該省延慶縣轄之廟上村交涉收回，並電達外交部查照轉
飭程特派員會同河北省政府妥為交涉，既咨軍分會外，
謹抄同原呈電陳鑒核。行政院駐平政務整理委員會叩，

陷秘印。

附抄呈河北省政府原呈呈一件。

抄河北省政府呈

前奉鈞會六月四日行字第一四四二號訓令，以日偽企圖侵佔永安堡、岔石口一案，仰查明大莊戶是否脫離昌平管轄，又上廟是否亦屬昌平轄境，併仰查明具復等因。遵經飭縣查明具報，並於六月寒日代電復請鑒核在案。茲據昌平縣長呈稱：「奉令遵即派員前往勘查去後，茲轉據大莊戶村長王守田聲稱，我村及舊水坑、吉立溝、對界石、前柵子、邊坑等六小村，向屬沙峪附村，今春已被偽國接收，現歸熱河灤平縣管轄等語。又查昌平境內並無上廟及廟上村名，經詳細查詢，其縣屬二道關西北延慶轄境，聞有廟上村，祇以隔縣關係，且因延慶邊境，有匪盤踞，未便越界實地勘查。至本縣前次呈報察省沽源縣果家灣與延慶縣永安堡兩村中間之上廟，茲經切實復查，僅該處山坡上有石築小廟一座，並無人居，以廟在山上因有上廟之稱，原非村莊之名。偽佈告中所載之上廟，當非指該處小廟而言，請鑒核。」等情；據此，理合具文呈請鑒核。謹呈行政院駐平政務整理委員會。

河北省政府主席　商震

中華民國二十四年八月十九日

五　大灘會議的經過

抄殷汝耕代電

民國廿四年一月十六日

北平國民政府軍事委員會北平分會鈞鑒：頃據古北口辦事處主任霍寶電稱，頃由駐古北日軍第二十五聯隊長永見派宮本少佐，以好意來處通知稱，上旬關東軍曾令駐張家口之松井中佐與宋主席商定，限即撤退駐小廠之宋部騎兵一中隊，又駐東柵子步兵一中隊。惟截至現在，該宋部尚未如約撤退，遂致關東軍異常憤慨，現已調集承德部隊出動進至大灘、南圍子，準備以武力解決，如果宋部不即行撤退，即關東軍不獨驅出小廠及東柵子以西，且必攻入察省，則事態擴大，更難收拾。聞宋主席現已在平，故請貴主任火速電請貴專員面陳黃委員長，飭令宋主席剋日將部隊撤至石頭城子南，石柱子東柵子以西，庶免衝突，則中日幸甚，云云。用特電請鈞座，轉陳黃委員長核辦，以免惹起糾紛，等情。據此，理合電請鑒核，伏乞示遵，薊密區行政督察專員殷汝耕叩，銑印。

日公使館武官高橋坦致何應欽通知譯文

民國二十四年一月十九日

宋主席方面，前對松井中佐要約於十二月三十一日為止，將開進大灘西南方地區之騎兵隊及其他機關，一律撤退，是以關東軍認為中國方面已明知該地域確係滿洲國領土，盼望其實行撤兵。但宋主席方面不惟不履行前約，反於一月中旬將類似騎兵之隊伍開入長梁，迫擊砲

隊開入北寨溝，並於各地增加配置保衛團，且在十五日
於烏泥河襲擊滿洲國人之自衛團，復將約四十餘名帶到
小廠。如此暴舉，關東軍不能坐視，故近日決以所要兵
團徹底肅清屬於滿洲國之該地方，特此通知。

何應欽上汪院長蔣委員長電

民國廿四年一月廿日

特急。南京院長汪、軍事委員會委員長蔣，並請轉黃委
員長膺白兄：密。極密。昨戌由日本駐平武官高橋坦非
正式交來通知一紙文曰：（錄前件譯文全文）等語，職
恐宋部在小廠、東柵子、長梁、烏泥河等地與日軍發生
衝突，日本遂得乘機佔領沽源、獨石口兩要地，則察省
張北及平綏路均將受其威脅，為所控置，再三權衡利
害，當以下列四項辦法面告宋主席：（一）在小廠之騎
兵連即日撤至長城以內。（二）東柵子之步兵連可撤至
獨石口附近，東柵子之警戒可以警察（即保安隊）擔
任。（三）長梁、烏泥河及其他處所之民團機關等可暫
行撤至後方。（四）在長城以外，竭力避免衝突，以免
日軍藉口。宋已遵照於皓亥電前方照辦，以後情形容再
續呈。職應欽，哿午行秘。

秦德純等致宋哲元電

民國廿四年一月十九日

北平主席宋鈞鑒：○密。皓電指示對察東處理辦法敬
悉，本日已與松井晤面，商定我軍在沽東口、袋營子
及南、北石柱子、東柵子之線。但東柵子由服警衣部

隊維持，其餘辦法均遵鈞電辦理，謹復。職秦德純、
張維藩，叩皓申印

宋哲元致何應欽電

特急。北平居仁堂部長何鈞鑒：密。（一）本早十時有
日機四架到沽源、獨石偵察，後至東柵子投彈七枚東
去。（二）十一時敵以熄火向我東柵子、北柵子之間地
區射擊。（三）至十二時敵步兵約千人由永安堡向我前
進至爐裡窪附近，佔領陣地，刻正向我獨石長城線之陣
地進攻中。（四）已令劉旅長自珍在原線極力抵抗。謹
聞，職宋哲元叩，漾午參印。

宋哲元致何應欽電

民國廿四年一月廿三日

特急。北平部長何：○密。（一）東柵子、北柵子一帶
自午時起至薄暮止均在戰鬥中。（二）已將東柵子之警
察隊撤回獨石口以防事態擴大。（三）沽源方面尚未接
觸，但據報今日下午已有步騎砲聯合之敵約七、八百
人，附裝甲車十餘輛，本晚接近沽源約三十里附近。職
宋哲元叩，漾酉印。

宋哲元致何應欽電

民國廿四年一月廿四日

特急。北平部長何：密。頃據劉旅長自珍報稱，本日上
午十時，日飛機兩架向獨石城內擲炸彈八枚，午後三時

又向獨石口城投彈五枚，計炸死我陳光然營十一連排長
李心廣，士兵王希成、郭海心、楊明凱、潘熙通、胡興
河等七員名；炸傷士兵張克勤、劉茲臣、羅忠全、王福
德、黃應龍、尚錫榮、許世傑、魏得勝等八名；並炸傷
人民八名，炸死五名，毀獨石口北城及西街民房五十餘
間。又據赤城縣長張維衡報稱：漾日我警團在東柵子東
北高地警戒，受日軍砲火集中射擊，由上午十一時開
始，至午後五時，我警團陣亡官長一員，團丁五名，受
傷團丁十九名，刻正分別掩埋醫治，各等情。謹此報
告，職宋哲元叩，敬亥印。

宋哲元致何應欽電

民國廿四年一月廿五日

特急。北平部長何。報告：（一）今午前十一時，飛機
兩架由黑達營子方面，飛向赤城，旋到獨石口、東柵子
低空飛行，盤旋數週後，又到沽源偵察，但均未擲炸
彈。（二）東柵子截至現在尚未到達日偽軍。（三）
東柵子對面之敵仍在永安堡附近，沽源對面之敵仍在
喇馬洞、長梁一帶，今日均未前進。謹聞。職宋哲元
叩，有酉參印。

宋哲元致何應欽電

民國廿四年一月廿五日

北平部長何：○密據探報：（一）本日日軍由豐寧以大
載重汽車廿輛共載八百人，經過大灘未停，刻已到達南
北石柱子之線。（二）另以載重車廿輛載八百人到達喜

峰砦。（三）據派往承德偵探回報，日人由平泉開到承德軍隊於該探起程時，已達約五千人左右，等情。謹聞。職宋哲元叩，有亥參印。

外交部駐察哈爾特派員報告

民國廿四年一月廿五日

據松井面稱：此次因宋主席未履行撤兵之約定，遂成如此事件。但事勢既已如此，而無結束之辦法終恐不能了局，現在第七師團之旅團長谷實夫駐在大灘，須開一大灘會議，由我方派人參加，沽源縣長亦須到場，聲明之點大要如下：（一）保證以後我方不攪亂滿洲地方之政治設施，否則難免再用武力。（二）長城屬滿洲國境，並再劃一緩衝地帶，不駐兵不設軍事佈置，僅用警察維持秩序。以上意思乃第七師團之希望，而由彼傳達者。至松井本人二十六日前九時許即到平，與高橋接洽之後，下午一時即赴天津，當晚乘通車到錦州轉乘飛機赴承德，三十日抵大灘等候云云。當答以所說各節事關重大，決非我能決定，俟據情報告後，看我方意思如何，再由高橋轉達。以上與松井問答各節，謹略呈鈞鑒，等語。哲元叩，有酉參印。

日方致何應欽通知譯文及何氏答復

民國廿四年一月廿九日

關東軍方面為求事件局部的迅速解決起見，擬由熱河駐屯軍就地與宋哲元軍代表開始商議，至範圍擴大在北平舉行會議一節，尚非所願，擬待後日有機再說，業將此

意指示與杉原中將，故望貴處速將宋軍派遣代表之事來
電報告。又據熱河駐屯軍參謀長電告如左：為局部的迅
速解決計，擬於二月一日在大灘會商，故盼宋哲元氏之
代表與沽源縣長於一月三十一日前（不得已時二月一日
午前亦可），到南圍子（大灘南方六公里）。松井中佐
及岩仲參謀將於三十日（明日）搭飛機先赴大灘等情。
日本代表當為谷少將（或永見大佐）及隨員岩仲參謀、
松井中佐等。貴處可派預定之張樾亭及沽源縣長並其他
必要人員於上定日期到達該地。因在大灘有住宿警戒之
關係，請速將人數姓名通知為荷。

同日（一月二十九日）何代委員長以下列兩點答復
日方：

一、中方仍希望在北平或張家口會商，不涉及廣範圍
　　亦可。

二、如日方必主在大灘會商，應先在北平接洽妥帖，
　　然後由二十九軍代表張樾亭赴大灘為形式上之定
　　議。（備考：右件係非正式之件並無署名及簽字）

雙方所提之會議內容要旨

民國廿四年一月卅日

日方所提會議內容之要旨：

一、對於不法越境行為表示陳謝之意。

二、中國軍隊此次所收滿洲國民團武器全部交還。

三、誓約將來絕對不有越境之不法行為，及威脅滿洲
　　國領土之行動。若敢犯此之時，日本軍斷然佔領

　　沽源、獨石口，固不待言，並須知張家口亦在佔
　　領之內。

我方提交高橋之件（一月三十日由殷同轉交）原文如次

一、對於此次察熱邊境不祥事件表示遺憾之意（口頭
　　陳述）。

二、察哈爾省方面所收熱河民團槍械如數交還。

三、約定將來絕對不侵入石頭城子、南石柱子、東柵
　　子（指長城東側之村落）之線，及其以東之地域，
　　並不為脅威之行動。（備考：右件係非正式之件
　　並無署名及簽字）

雙方協議訂正後之會議內容要旨：

一、對於此次察熱邊境不祥事件表示遺憾之意（口頭
　　陳述）。

二、察哈爾省方面所收熱河民團槍械如數交還。

三、約定將來絕對不侵入石頭城子、南石柱子、東柵
　　子（指長城東側之村落）之線，及其以東之地域，
　　並不為脅威之行動。

又日方用口頭開示「如有違犯時，日軍不特斷然進佔沽
源、獨石口，並可佔領張家口。」（我方不答）

中國提交日高橋武官通知及高橋之答復

民國廿四年一月卅日

提交高橋之件原文如次：

會議地點：大灘

日　　期：如復電完全同意二月一日可到。

代　　表：二十九軍三十七師參謀長張樾亭。

隨　　員：沽源縣長郭堉塏。

通　　譯：察哈爾省政府科長張祖德。

（備考：右件係非正式之件並無署名及簽字）

高橋答復之件（譯件）：

一、軍同意本官（高橋）與中國方面所商議之案。

二、會議時期定為二月二日上午，松井中佐預定到沽
　　源連絡。

三、希望中國方面代表於二月一日薄暮前到達沽源。

宋哲元發張代表樾亭訓令

民國廿四年一月卅一日

為令遵事，此次該代表赴大灘與日本關東軍第七師團
代表會商解決察、熱邊境軍事糾紛事件，應注意左列
之事項：

（一）此次會商限於解決察、熱邊境軍事糾紛，不涉及
政治及其他問題。

（二）會商之範圍以一月三十日軍分會代表與日本公使
館高橋武官商定二、三兩項要旨為限。

此令

（附記）一月三十日與高橋武官商定之二、三兩項要
旨：

（二）察哈爾省方面所收熱河民團槍械如數交還。

（三）約定將來絕對不侵入石頭城子、南石柱子、東柵
子（指長城東側之村落）之線，及其以東之地域，並不
為脅威之行動。

第二十九軍軍長　宋哲元

何應欽囑宋哲元密飭張代表應注意事項

1、口頭陳謝之要點：

此次因偶然之誤會發生不祥事件，宋軍長認為遺憾，茲特由本人代表表示此意。

2、會議（或稱協定亦未可知）文應注意之點：

一、雙方當事者姓氏及代表人姓氏。

二、應預備委任狀如下：

　　茲委任本軍第三十七師參謀長陸軍步兵上校張樾亭為本軍代表，前赴大灘與日本關東軍第七師團代表會商解決察熱邊境軍事糾紛事件，此狀。

三、口頭陳述之件毋庸列入協定文。

四、協定文之兩要點：

　　如另紙，凡有涉及滿洲國或國境字樣者，可託辭向不涉及此點，不敢主持，要求請訓之猶豫。如彼方堅持，我代表但堅執本人所受訓令無此權限，不敢擅自踰越範圍，應請原諒。

　　萬一有此事件發生，應請立時電達宋主席請訓，代表仍在彼處靜候，不奉訓電不必有所作為。

五、察熱西部境界線，攜件僅指石頭城子、南北石柱子、東柵子等數地名，協定本文或須參照現地情況，加列詳細地名，只須大致在該線上者，可以承允。

六、東柵子地名之下，必須有括弧表示所指之東柵子，確係長城東口外之一小村落，而非長城口，但長城東口外之外字仍恐有誤解（因彼方亦指我方為長城外也）之處，故協定文以用長城東側字樣為妥。

七、察熱北境即自石頭城子迤東北之線，我方初意擬連
　　結於大灘，但彼方認為尚須在大灘迤北之突出部方
　　為自然，大約即在後老羊圈子附近地點。我方各地
　　圖無此細地名，可詢明沽源縣長會同彼方確定之。

八、最後彼方對我方如果敢於違犯協定時，彼須佔領
　　沽源、獨石口以及張家口云云等語，我方勿庸明
　　白答復。

九、最好無文字上之規定，如必須有文字規定，則我方
　　可主張用中、日兩文，其要點中文應用我國正朔，
　　我方在前，彼方在後，日文文件當然用彼國昭和十
　　年月日，彼方在前我方在後。

張樾亭報告大灘會議情形

時　　期：中華民國二十四年二月二日上午十一時
時　　點：南圍子
列席人員：中國方面：張樾亭、郭堉塏、張祖德。
日本方面：谷實夫、永見（聯隊長）、松井（中佐）、
岩仲（參謀）、豐寧縣長馮景異、田代（通譯）

谷實夫：報告開會，並陳述不幸事件發生之原因及經過
　　　　情形，概要如左：
　　　　　查石頭城子、南北石柱子、東柵子之線為滿洲
　　　　國地域，中國不得駐軍，而沽源縣長竟唆使民
　　　　團侵駐長梁、烏泥河一帶，又收豐寧民團武
　　　　器。宋哲元軍隊竟在東柵子附近與日軍衝突，
　　　　殊屬非是。

張樾亭：對此不幸事件，本人代表宋哲元表示遺憾。

谷實夫：沽源取收豐寧民團槍三十七枝、子彈一千五百
　　　　粒，須於二月七日由沽源縣長親帶至南圍子交
　　　　還日軍。

張樾亭：可以如期按數交還。

谷實夫：中國不得加強陣地及加強陣地兵力（對陣地一
　　　　點，經詢究指何地點，日方答以係指獨石口、
　　　　沽源之線而言）。否則日方認為挑戰行為，必
　　　　將進佔沽源及張家口。

張樾亭：對於陣地一點，認為尚可以期雙方維持和平。

谷實夫：宣告閉會。並作談話如左：對於本日會議情
　　　　形，日本將於本月四日發表。惟中國方面如何
　　　　發表聽便，但不得變更事實或作惡宣傳。此次
　　　　不幸事件經今日大灘會議解決，希望中、日、
　　　　滿三國互相提攜，維持亞洲永久和平，不因瑣
　　　　事再生誤會。

張樾亭：我方對會議情形如發表，當不外北平軍分會與
　　　　高橋武官在北平商定各點，以和平解決字樣發
　　　　表。中、日兩國同為亞洲之大國，兩國民族素
　　　　尚禮讓，希望今後雙方互本親仁善鄰之旨，相
　　　　互提攜，維持東亞和平造福世界。

谷實夫：請全體乾杯散會（約十一時半）。

（備考）：大灘會議雙方皆係口頭陳述無條文無簽字。

　　　　　　　　二十九軍三十七師參謀長　張樾亭

附張樾亭報告原件計四頁。

大灘會議後中方發表之文件

民國廿四年二月四日

軍事委員會北平分會，本日（二月四日）正式公佈關於
察東事件，中、日雙方在大灘會商和平解決辦法，其公
佈之原文如左：

「據察哈爾省政府主席兼陸軍第二十九軍軍長宋哲元報
告：察東事件經派第二十九軍第三十七師參謀長張樾亭
率同隨員沽源縣長郭堉塏、察省府科長張祖德，於二月
二日前往大灘，與日軍第七師團第十三旅團長谷實夫，
第廿五聯隊長永見俊德及松井中佐等，於是日上午十一
時在該處會商，口頭約定解決辦法如左：

察東事件原出於誤會，現雙方為和平解決起見，日軍即
返回原防，廿九軍亦不侵入石頭城子、南石柱子、東柵
子（長城東側之村落）之線，及其以東之地域，所有
前此二十九軍所收熱河民團之步槍計三十七枝，子彈
一千五百粒，準定本月七日由沽源縣長如數送到大灘，
發還熱河民團。」

第三節　河北事件

一　河北事件發生經過

　　自塘沽協定成立，日方即認冀東撤兵區域為緩衝區域，凡此區域內，一切政治設施，莫不時存越俎代庖之念，遇事加以干涉，使我行政官吏，無法行使其職權。然猶不止此也，日方之處心積慮，蓋無時不思將緩衝區域擴展至冀察全境，方得保持偽滿之安全，觀其數年以來，常向世人提出所謂冀察明朗化、冀察特殊化，其命意所在，雖三尺童子，亦能知之。所以遲迴審顧者，在覓機會，找口實耳。二十四年五月中旬，天津日租界忽發生胡恩溥、白逾桓兩人被人暗殺事件，日方因此事件發生在日本租界，於彼顏面攸關，無法解脫其責任。而同時適有孫永勤股匪由長城外竄擾遵化、遷安附近之事發生，於是日方乃欲藉題發揮，諉其責任於我國，並認為係造成冀察特殊化、明朗化之絕好機會。一面由天津日本駐屯軍參謀長酒井隆，偕駐華日本大使館附武官輔佐官高橋坦，於五月二十九日訪謁北平軍分會何代委員長應欽。當由酒井發言，謂渠代表天津駐屯軍，高橋代表關東軍，作口頭之通知，所談大意如次：

1. 天津胡、白暗殺事件，中國政府是否知情？
2. 孫永勤匪部曾受遵化縣接濟，並指示逃走途徑，中國
　　政府是否知情？

又謂：茲特預先通告兩點，請中國方面注意：

一、對日滿之擾亂行為，如仍以平津為根據地，繼續發生，日方認為係破壞停戰協定及辛丑條約，停戰區域或

將擴大至平津。

二、對於軍之關係者，胡、白之暗殺，軍認為係中國之排外舉動，及向駐屯軍挑戰行為，如將來預知或有類此事件之情事，日軍為自衛上取斷然之處置，或再發生庚子事件，或九一八事件，亦不可知。

酒井又要求數點，其大要如次：

1. 于學忠為擾亂日滿之實行者，中國政府應自動撤調。

2. 憲三團、河北省市黨部、軍分會政訓處、藍衣社應撤退。

同時據報，日方決乘六月定期換防之時，由第四師團遣派步兵四個聯隊，工兵一大隊運華，增加於北寧路及平津各地，並在獨石口、古北口、錦州等處集中軍隊，並有飛機兩隊調集於錦州及長城邊境，實行其威脅壓迫之政策。酒井並曾對人公開宣稱，日軍一切，均已準備完畢，隨時均可動作，若中國政府不理其要求，日軍即自由行動等語。

吾人雖明知日軍此種舉動，意在威脅壓迫，造成特殊事態，以不戰而佔我平津。然因彼時我國家內部未臻統一，國人之意志與行動均不一致，種種方面，顧慮之問題尚多。故為使日方計無所施起見，當由何代委員長詳電中央，請示應付方針，旋即由北平軍分會遵照中央意旨，於六月一日自動下令，將軍分會政訓處長曾擴情及憲兵第三團團長蔣孝先團附丁昌免職。同時並經中央決定，將天津市黨部停止工作，河北省政府主席于學忠酌予他調。六月四日，酒井、高橋第二次訪見何代委員長，當由何代委員長以下列數點口頭答復酒井等：

一、天津發生胡、白被暗殺事件，其地點在日租界，係
　　地方臨時發生事件，我政府何從知情。但因租界毘
　　連天津市，此間已嚴令河北省政府轉飭津市政府協
　　同緝兇。

二、孫永勤匪部竄擾遵化、遷安附近，我政府當時即令
　　警團協同圍剿，業已將其擊潰。至謂曾受遵化縣接
　　濟一層，此間已嚴令河北省政府轉飭嚴查，如果查
　　有實據，自當照律懲處。

三、于主席已經中央決定他調。

四、憲兵團團長蔣孝先、政訓處處長曾擴情，已於六月
　　一日他調，天津市黨部已由中央令其停止工作，藍
　　衣社，根本無此組織，如有妨礙中日國交之團體，
　　可予取締。

酒井等對於此項答復，認為尚未滿足。六月九日，酒
井、高橋第三次來見何代委員長，復提出以下四點：

一、河北省內一切黨部完全取消。

二、五十一軍撤退，並將全部離開河北日期告知日方。

三、第二師第二十五師他調。

四、排日行為之禁止。

　　並謂希望即日辦理，否則日軍即自由行動。又謂
一、二、三項均係決定之件，絕無讓步可言，並請於
十二日午前答復等語。當時情形異常嚴重，即由何代
委員長迭電呈請中央核示，旋經中央決定，關於第一
項，河北省境內各黨部自動結束。第二項，五十一軍
向河南省境移動。第三項，第二十五師第二師分別調
赴陝西及豫皖邊區剿匪，第四項，關於排日之禁止，

由國民政府重申明令。

六月十日下午，高橋來謁何代委員長，當由何代委員長將中央決定辦法口頭告知，高橋表示無異詞而去。

六月十一日，高橋忽以其代擬覺書稿一件，託人送交何代委員長，請照繕一分，蓋章送交日方，何代委員長當以此次問題純係口頭交涉，今既已自動辦理完畢而日方又復作此枝節要求，實屬不合情理，當即派員轉告高橋，嚴詞加以拒絕。

以上為河北事件交涉之經過情形，中日雙方自始至終，全係口頭談話，並無簽字及何項文字紀錄也。

事件解決以後，天津駐屯軍司令官梅津美治郎，及駐華日本大使有吉明，曾於六月二十八日，正式發表聲明書，明白聲明無擴大事態，干涉中國內政之意。梅津之聲明書內云：「此次交涉，我軍要求之主點，在互相尊重信義，努力和平，苟如徒事擴大事態，或妄行干涉內政，決不在考慮之中矣。」云云，日方迭次直接間接表示，亦以此次事件既已和平解決，為中日親善計，希望我方對於此次事件之解決有所表示以作結束。何代委員長乃於二十四年七月六日電北平軍分會辦公廳主任，派員向駐平日本武官表示，略謂六月九日酒井參謀長所提各事項已承諾且已辦理完畢。所謂各事項，即指軍分會代委員長權限所及之（一）五十一軍之他調；（一）第二師第二十五師之移防，兩項已辦事件而言。事後，日本報紙往往將此次中日雙方互相諒解之事項，稱為所謂「何梅協定」，實係有意造作之名詞。而日方在河北省之一切非法行動，亦每謂根據於此次諒解事項云云，

尤與當時事實不符，並與梅津之聲明相違背。又此次日方向我國進兵不已，迭在蘆溝橋及平郊挑釁，違背一切國際條約，破壞我國家領土主權之完整，尤與所謂諒解事項，毫不相涉，此則應向國內國外鄭重聲明者也。

二　河北事件雙方口頭交涉全卷

第一件共二頁

民國二十四年五月二十九日，天津日本駐屯軍參謀長酒井隆，偕駐華日本大使館武官高橋坦，到居仁堂訪見何代委員長。酒井謂渠代表天津駐屯軍、高橋代表關東軍作口頭之通知（其大要如下）：

（甲）

一、平津現為擾亂日滿根據地，中國政府是否知情？

二、天津發生胡、白暗殺事件，查與中國官廳確有關係，政府是否知情？

三、中滿國境仍有義勇軍受中國官廳委任接濟，近如孫永勤曾受遵化縣接濟，並指示逃走途徑，政府是否知情？

（乙）因此提出下之質問：

一、反日集團究為蔣委員長指導，或何部長指導，或中國政府指導？

二、此種責任究由何人負責？

（丙）特預先通告兩點，請中國方面注意：

一、對日滿之擾亂行為，如仍以平津為根據地，繼續發生，日方認為係破壞停戰協定及辛丑條約，停戰區

域或將擴大至平津。

二、對於軍之關係者，白、胡之暗殺，軍認為係中國之排外舉動，及向駐屯軍挑戰行為，如將來預知或有類此事件之情事，日軍為自衛上取斷然之處置，或再發生庚子事件，或九一八事件亦不可知。又照停戰協定，須中國方面無擾亂日滿行為，日軍始自動撤退長城之線，如再發生擾亂日滿行為，日軍可隨時開入戰區，中方不可不知也。

（丁）酒井個人意見：

一、蔣委員長對日之二重政策，即與日陽表親善，暗中仍作種種抗日之準備，如此政策不根本改變，以後演至何種程度，殊不可知。

二、于學忠為擾亂日滿之實行者，張漢卿之爪牙，僅遷保定，於事無補，中國政府應自動撤調。

三、憲兵第三團、河北省市黨部、軍分會政訓處、藍衣社，似以撤退為宜。

四、最好將中央軍他移。

如上項諸點能辦，中日關係或能好轉。

第二件共二頁

六月四日酒井、高橋到居仁堂訪見何代委員長，何代委員長口頭答復酒井等（其要點如下）：

一、天津發生胡、白被暗殺事件，其地點在日租界，係地方臨時發生事件，我政府何從知情。但因租界毗連天津市，此間已嚴令河北省政府轉飭津市政府協同緝兇。

二、孫永勤匪部竄擾遵化、遷安附近，我政府當時即令
　　警團協同圍剿，業已將其擊潰。至謂曾受遵化縣接
　　濟一層，此間已嚴令河北省政府轉飭嚴查，如果查
　　有實據，自當照律懲處。

三、于主席已經中央決定他調，現正斟酌調後之位置，
　　稍緩數日即可發表。

四、憲兵團團長蔣孝先、政訓處處長曾擴情，已於六
　　月一日免職。憲三團之特務處亦已令其撤銷，天津
　　市黨部將由中央令其停止工作，藍衣社根本無此組
　　織。如有妨害中日國交親善之團體，即予取締。

酒井等對於此項答復，表示仍希望儘先辦到以下各項：

一、于學忠之罷免。

二、河北省市黨部之撤退。

三、軍分會政訓處及憲兵第三團之他調。

四、類似藍衣社組織之抗日團體之撤廢。

五、五十一軍他調。

並謂至於中央軍他調與否，視蔣委員長之對日方針如何
而定，如蔣委員長確定以日為友，則一切問題均可迎刃
而解。否則不僅中央軍撤退之問題，軍部方面與華北及
全中國均有最大之決意，及充分之準備也，等語。

最後又問何委員長個人今後對日之根本方針及上述五
項如何解決。何委員長當答以中日親善提攜，為我中
央既定方針，本人當本此方針努力進行。過去各地如
有注意不周之處，當盡力改善。至上述一、四兩項業
已決定辦法，其二、三、五，三項可向中央報告，加
以考慮，等語。

酒井又謂，總之中日問題之關鍵，全在蔣委員長是否真正與日親善。抑係陽作親善，暗中仍準備抗日。華北近日問題不過其枝節耳，等語。

第三件共三頁

六月九日，酒井高橋到居仁堂訪見何代委員長。

何代委員長口頭答復酒井等謂：

一、對於日方希望之點截至昨日止已完全辦到。

1. 于學忠、張廷諤之免職。

2. 軍分會政訓處已結束，憲三團已他調。

3. 河北省黨部已移保，天津市黨部已結束。

4. 日方認為有礙兩國國交之團體（如勵志社、軍事雜誌社已結束）。已嚴令平津地方當局負責取締一切有害國交之秘密組織。

5. 五十一軍已決調防。

二、蔣委員長對於中日問題之見解，於其今年二月十四日對大阪朝日新聞記者之談話可以見之，中日必須親善提攜，方足互維東亞大局之和平，此乃我中央既定之方針，亦即蔣委員長之方針，迄今並未變更，凡此皆有事實可以證明，非僅言語所能掩飾者也，等語。

酒井等表示對於我方已辦諸事，認為尚未滿足，並提出以下四點：

一、河北省內一切黨部完全取消（包含鐵路黨部在內）。

二、五十一軍撤退並將全部離開河北日期告知日方。

三、中央軍必須離開河北省境。

四、全國排外排日行為之禁止。

謂希望即日辦理，否則日軍即採斷然之處置。並謂一、
二、三項均係決定之件，絕無讓步可言。並請於十二日
午前答復等語。同時酒井並交來繕寫之件一份（計三
頁），照錄如次（譯文）：

第一、至今中國方面依據交涉所承諾之事項：

一、蔣孝先、丁昌、曾擴情等之罷免。

二、于學忠及張廷諤一派之罷免。

三、第二十五師學生訓練班之解散。

四、天津市黨部之解散。

五、憲兵第三團之撤回。

六、軍事分會政治訓練處解散。

七、藍衣社類似機關之撤廢。

八、勵志社北平支部之撤廢。（以上係書在第一頁）

一、所撤除各組織及可能再對日關係造成妨害之人物或
　　組織皆不得進入。

二、省市職員之人物之件。

三、約束事項監視糾察手段。（以上係書在第二頁）

第二、未著手事項：

一、河北省內黨部之撤退。

二、五十一軍之撤退。

三、中央軍之徹退。

四、全中國排外排日行為之禁止。（以上係書在第
　　三頁）

酒井等談畢即去，俄頃又復返，謂：中央軍調離河北係

日軍部之決意，萬難變更等語。

第四件　共一頁

節錄汪院長蒸巳電：急。北平何部長，今晨中央緊急會議，對於河北省內黨部已有決議，由秘書處電達，對於全國排外排日之禁止，已由國府重申明令，對於五十一軍及中央軍之撤退無異議，特聞。兆銘，蒸巳印。

第五件　共一頁

六月十日下午，高橋到居仁堂訪見何代委員長。

何代委員長口頭告高橋：

一、河北省內黨部之撤退，已於今日下令即日起開始結束。

二、五十一軍已開始移動，預定自十一日起用火車向河南省輸送，大約本月廿五日輸送完畢。但如因車輛缺乏或須延長數日。

三、第二十五師、第二師已決定他調（預定一個月運畢）。

四、關於全國排外排日之禁止，已由國民政府重申明令。

第六件　共二頁

六月十一日，高橋以所擬覺書稿一件，交軍分會朱副組長式勤，托朱副組長轉交何代委員長，請照繕一份，蓋章送交日方，何代委員長當即派朱副組長轉告高橋加以拒絕。

照錄高橋交來所擬覺書稿如下：（原件存北平軍分會）

覺書（譯文）

（一）中國方面對於日軍所承諾實行之事項如左：

1. 于學忠及張廷諤一派之罷免。

2. 蔣孝先、丁昌、曾擴情、何一飛等之罷免。

3. 憲兵第三團之撤去。

4. 解散軍分會政治訓練處及北平軍事雜誌社。

5. 對日方所稱妨害中日兩國邦交之私密組織如藍衣社、復興社等，加以取締，並且不容許其存在。

6. 撤退河北省內一切黨部，撤除勵志社北平支部。

7. 第五十一軍撤出河北省。

8. 第二師、第二十五師撤出河北省，第二十五師學生訓練班解散。

9. 禁止中國國內全面性之排外及排日。

（二）為以上諸項之實行，左列附帶事項亦須併予承諾。

1. 與日方所約定之條款，應於所規定時間內完全履行。對於有再度滲入之嫌疑，或有妨害中日關係之慮之人物或組織不得重新進入。

2. 日本希望中國於任命省市等職員時，應選擇不致妨害中日關係之人物。

3. 對於約定事項之履行，日方得採取監視及糾察之手段。

為以上諸項之實施以書面送致。

　　　　　　　　　　　　　　昭和十年六月十日

　　　　國民政府軍事委員會代委員長　　○○○

　　　　　　北平日本陸軍武官　高橋坦　殿

何代委員長派朱式勤口頭向高橋表示:

(一)此次關於中日事件,磯谷、酒井與高橋晉謁部長面談,均希望中國方面自動處理和平解決,中國方面業已照貴方所希望之各點,分別辦理多項,其餘諸項,現正在積極辦理中,故無須再用書面表示。

(二)此次事件並非懸案性質,已剋日解決,其未辦結者,在約定之期間定可辦到,今貴方又續行要求書面表示,似無必要。

(三)覺書第二款之事項中,多關於政治方面非部長權限內之事,且此事昨日何部長答復高橋武官時,高橋表示滿意,當將經過呈報中央。等語。當時因高橋已由平赴津。此項表示係託日武官室職員渡邊轉達。

第七件 共一頁

六月廿一日,高橋訪見軍分會辦公廳主任鮑文越。面交第二次代擬之通告稿一件,照錄原文如下:
軍分會何委員長所提對梅津司令官之通告。
六月九日酒井參謀長所提出之約定事項,以及有關履行此等事項之附帶條款,吾人一概加以承認,並可望將此等事項及附帶條款自動付諸實現,特此通告。

第八件 共一頁

七月一日,高橋以第三次代擬之通知稿一件,交軍分會周副組長永業,託其交鮑主任轉呈何代委員長。照錄原文如下:
六月九日酒井參謀長所提出之各事項期望,均予承

諾，且自動加以實施。特此通知，此致，梅津司令官
宛，何應欽。

第九件　共一頁

照抄上汪院長支申電。上海汪院長鈞鑒：密。關於河北
問題，日方請用書面通知事，冬日有壬兄曾經面稟鈞
座，茲由鮑文越轉來高橋交來最後之稿，譯文如下：
「逕啟者，六月九日酒井參謀長所提各事項，均承諾
之，並自主的期其遂行，特此通知，此致梅津司令官閣
下，何應欽。」等語。可否乞示，職應欽，支申秘印。
照抄汪院長歌辰電，南京何部長：支申秘電悉，密。稿
文與前次吾輩所商定者大致相同，弟同意發出。弟兆
銘，歌辰印。

第十件　共一頁

照抄致梅津函。逕啟者，六月九日酒井參謀長所提各事
項均承諾之，並自主的期其遂行，特此通知。此致梅津
司令官閣下。

何應欽

民國二四年七月六日

右件於七月六日用打字機謄正，蓋章，寄由北平鮑主任
派員送交高橋轉交梅津。

第十一件　共一頁

照抄鮑文越庚（七月八日）十九時電：
南京何委員長：密。致梅津函已於本日派周副組長永業

送交高橋，高橋已照收，謂河北事件告一段落，頗表滿
意。職鮑文越叩，庚十九時印。

按此次河北事件，中日雙方自始即係口頭交涉，並無文
字記載。中間酒井所交來其所書之件，並非正式文件，
且何代委員長並未承諾簽字。最後雖經高橋坦自擬覺書
稿件，請照繕蓋章送去，當亦經正式明白拒絕。迨日本
梅津司令官及有吉大使於六月廿八日正式發表聲明書，
聲明無擴大事態、干涉內政之意，日方復表示，希望我
方對於此次事件之解決有所表示，以作結束，乃由何代
委員長請示中央，以軍分會委員長權限內，自主辦理之
事項，予以承諾之書面。該函所云，六月九日酒井參謀
長所提各事項，即指下列二事：（一）五十一軍之移
防。（一）第二師、第二十五師之移防兩項而已。至於
其餘兩項：（一）河北省內黨部之撤退。（一）全國排
外排日行為之禁止，為軍分會委員長權限所不及，係由
我中央自動辦理，何代委員長實無權表示諾否。事後，
日本報紙往往宣稱所謂「何梅協定」，乃係有意造作之
名詞。總之，此次事件，除軍分會委員長在其權限內辦
理事項有一書面外，別無任何文件也。

三　日方聲明

（一）天津日本駐屯軍之聲明如左：

關於華北交涉，幸經中國軍警受諾我之要求，行將見諸
實行者，此乃同慶之至。蓋承認其具有誠意，暫行注視
締約實行之推移，以期局面之好轉也。抑此次交涉，我

軍所要求之主點，嚴乎彼我軍警之誓約，糾明責任，而
剷除擾亂之禍根，互相尊重信義，努力和平，以圖華北
狀態之寧謐。更以俾便除去中日親善之障礙，苟如徒為
擴大事態，或妄行干涉內政，決不在考慮之中矣。惟中
日親善關係，即為帝國文武官民所希望者，然純以表面
或形式之言辭，非始所以達到所期也。如此次表面化之
不祥事件，其所來由之深，可以推想而知，此為頗堪遺
憾者也。然而曩日經國府重行發表禁絕全華排外排日布
告，足使上述剷除禍根上能進一步，實屬慶賀。但願
勿使其為敷衍一時之辦法，尤其帝國既須完成與承認
支持其獨立之滿洲國，協同防衛，且又以在接滿地域
之治安維持有重大關心，日本國軍之立場最小限度，
對於該地各方面今後一切之抗日滿行為，不能使其絕
滅，必不止也。特此聲明。

　　　　　　　　　　　日本軍司令官梅津中將
　　　　　　　　　　　昭和十年六月二十八日

（二）日本駐華公使有吉之聲明如左：

關於此次河北及察省事件，帝國軍憲向中國軍憲提出之
要望，期望中國軍憲能容納該項要望，因之事態日見好
轉，誠至可同慶事也。如此駐屯軍司令官之聲明中，亦
曾期待該事，殊願華方對於該方面之和平維持，更希望
其能努力。此外尚期望中日兩國國交之圓滿，不僅限於
地方的，對於全國之排日風潮頗有一掃之必要。然而今
日該項風潮尚未達到絕滅之境，吾人藉此機會，切實希
望華方能充分運用此次頒布之邦交敦睦令等，對於排日
風潮之禁絕，更作進一步之努力。（以上係廿四年六月

二十九日京津日日新聞所載）

（三）日本陸軍部當局，關於河北問題以談話形式發表意見如左：（廿四年六月十二日）

此次河北交涉問題，在根本上為在華北表面標榜親日，然而裡面則運用各機關實行排日，其結果始發生此事。因此次交涉，現在之各種排日機構，已漸次撤消。惟華北一處，縱即剷除排日份子，而中央政府如不根本的改變其態度，則全部之消清實不可能，而中日兩國之善鄰關係之恢復，亦不可能。故陸軍當局不擬直接干涉，惟在裡面則不惜予以援助，因此以此次問題為一轉機，外務省應積極的進出全中國之排日剷除工作，而切望其努力於中日關係之調整。

四　「何梅協定」之研究

論研究所謂何梅協定之性質，及其法律效力問題等因，遵經詳加研索，茲將管見臚陳於後，敬祈鑒核。該問題之法律效力，可分下列四點討論：一酒井參謀長「所提各事項」為何？是否雙方有共同之會意，且具有確定之解釋；一所謂何梅協定在國際法上能否構成承諾；一如確已構成承諾，則對於中國政府有何效力；一既有相當束縛力，現在是否仍屬繼續生效。此四點係相互而有聯繫性。茲將其逐一討論，然後作假定式結論；蓋因當時交涉經過，未盡明悉，即欲下以肯定之結論，亦不能不附以假定情況也。

　　（一）酒井參謀長「所提各事項」如何，是否雙方有共同之會意，且有確定之解釋——就見聞所及，去年

五、六月間日方酒井參謀長、高橋陸軍武官，迭次晉謁軍分會代理委員長何應欽氏等，討論日方所謂改善河北省情形問題，並口頭提出辦法若干項。隨於六月九日提出書面要求，包含總目兩項：一所謂「中國對日軍方面承認實行左列各事項」，內分細目九條；二「關於上列各項之實施並承認左列各附帶事項」，內分細目三條（以下簡稱「來件」）。迄至同年七月六日，何應欽氏始以信函答覆梅津司令，內容僅有「六月九日酒井參謀長所提各事項均承諾之並自主的期其遂行」一語。（以下簡稱「何氏信函」）細將本案之要素分析，我政府首須注意之處，厥為酒井所提各事項為何與今後應採取之解釋。究竟我方所謂酒井所提各事項，是否係指上述來件全文？抑係另有所指？例如酒井或曾以口頭提出某某事件數項，不若上述來件之苛刻者，此點有關我政府之立場，必須妥為商榷，庶幾有所根據。蓋按照國際法立約之原則大致與私人簽訂契約相同，必須有共同之會意，（the meeting of minds）（註一）。兩方所指者同為一事而無二致（concurrence of the two minds as to one and the same thing）若約中有某一名詞或條款，雙方解釋不同，則須尋求雙方用意（intention）之所在，並應依照該用意解釋（註三）。如雙方對於該名詞或條款之意義各有所指，則須視之適用於何方，何方為受益者，何方為負義務者，其合法之解釋，須以負義務者之解釋為準。此種原則，國際間不無先例。一八六六年奧國與義大利訂立條約，規定於該約互換批准後一年內奧國「居民」（inhabitants）得攜帶財物由奧國所

讓與義大利之地域遷入奧國領土。依照奧方之解釋，
「居民」（inhabitants）一字係專指按照奧國法律得有
「住所」（domicile）之人民而言，惟按照義大利之解
釋，則凡在某一郡內（commune）曾經註冊居留之人民
（registered as residents）概應認為「居民」，於是兩國
之解釋不同；商訂時兩方代表心目中各有所指，用意兩
歧，殆無疑義。爭端結果，卒以奧國之解釋為正確；蓋
該約條文係適用於奧國領土，且該領土於條約簽字時仍
屬奧國（註四）。查來件內載條款，居心至為險惡，我
方業經辦理者妨礙既已纍重，對方希望將來執行者，尤
屬弊竇滋深。究竟「所提各事項」為何？我政府為保障
國權計，應作何種權宜之解釋，似應事前熟為籌議，俾
得應付有方，此為亟須注意者也。

（二）所謂何梅協定在國際法上能否構成承諾
（consent），無論何氏函中所承諾者為來件所開列各
條款，或僅係酒井參謀長口頭所述若干條件，此種手續
與文件程式（formalities and forms of documents）能否
構成國際關係中通稱所謂承諾（consent），因而視為
成約之表現，亦須加以研討。依照國際法原則，國際契
約之程式與「承諾」之本身絕無物質之關係（註五），
此種契約雖每每按照其內容之本質與其重要性採取適
當程式，並且採取比較隆重之方式，但不能因其程式
之簡易而減輕承諾之束縛力。承諾之給予，可由行為
（conduct）出之（註六），亦可由信號（sign）出之，
如戰時之白旗者然（註七），且條約與協定之締結，更
未必盡以書面行之。一六九八年彼德第一世與德國親王

（Elector）法拉都歷第三世締之約（The Treaty between Peter I and the Elector Frederic III in 1697），係由口頭訂立，一七八五年奧俄商約（Treaty of Commerce of 1785 between Austria and Russia）並無正式條文，僅由雙方同時頒發告示（Edicts）為信，故亦名商務告示（The Commercial Edicts of Austria and Russia in 1785）（註八），一八五八年巴黎宣言（Declarations of Paris）關於中立船舶戰時禁制品與實力封鎖等原則，及一八六八年聖彼得堡宣言（Declarations of St. Petersburg），禁用重量四百格蘭姆以下具有爆發性與燃燒性物質之彈丸等件，皆具有國際條約性質而未採用條約方式。綜觀上述實例，即知承諾之給予未必盡須訂入條約、專約、議定書，或換文等普通程式始克生效；且一經給予條即行發生束縛力（註九），誠如上述，即欲謂何氏信函未能構成承諾，恐亦殊難置辯。再「自主的」三字是否形容「均承諾之」一句，能否作為自動之承諾，藉以表示撤退軍隊及更換地方官員等事項係自動之措置，並非履行承諾之舉。觀其字義，似不能作如是之解釋。雖我政府當局當時確有此意，並極力避免簽訂書面文件，至時勢迫切時始以信函致覆，惜乎詞文簡略，未將此意加入耳。

　　（三）如確係一種承諾，則對於中國政府有何效力——依照上文所引述之實證，何氏之信函在法律上似已構成承諾。然則該承諾之效力為何？負義務者為我國整個政府，抑係衹限於簽字人本身，正有待於商榷。以原則言，如係中央於事前予以批准，並訓令何氏照辦

者,則須負責履行;如係何氏越權簽發者,則文件發覺後,我政府即須知照對方當事國表示拒絕承認。茲為利便討論起見,何氏復函之內容與當時曾否經過中央核准一層,姑置勿論。假如我政府以去年六月九日來件過於苛酷,妨害國家主權,有礙難履行之處,則必須於法律中另尋原則,藉使我國之立場得有適當之依據。細觀國際條約效力問題,竊以為本案之關鍵在於當事國及其代表之間,為對外立言計,必須講求其責任之所在;蓋國際交涉,適與私人接洽相類似,可與國內法之代理法(Agency)相比擬,假如代理人有越出所受委託範圍之情事,則委託者當然可以拒絕承認。國際間有一種所謂越權所訂之約曰 "Sponsion" 亦曰 "Treaty sub spe rati"(註十),即係指代表未有奉到命令而擅自訂立,或已奉到命令,但超出該命令範圍所訂立之條約而言。此項約章,於未經批准或默認之先,對於派遣該代表之政府,不生效力。關於此節庫魯巴氏(Kluber)有云:「一國所派遣之代表,或自動擔任之代理人,未經當事國授權而以該國名義成立之協定,是為 "A simple sponsion"。是項協定須經過該國之批准,始能發生義務。」(註十一),馬丁士(martens)亦有同樣之申述:「長官或下級官員越出其所受有之權限而作之允諾,無論為何亦不過一種 "Sponsion" 而已。是項諾言,除非事後經過本國明言或默認之批准,不能發生束縛效力。」(註十二),國際成案,不乏此項先例,世界各國亦間有拒絕承認其代表或官員所簽訂之約章者,茲將實例中之較為顯著者,簡述四案如下:

甲、一七五七年，正際所謂「七年戰爭」（Seven Years war）方酣，英國尚與漢洛瓦（Hanover）聯合成為君合國，英王兼為漢洛瓦君主（Elector）時，統率漢軍之英將康伯倫公爵（Duke of Cumberland——即英王喬治第二世之第三子）與法帥如里史流（Marshal Rechelieu）訂立適用於德國北部之停戰專約（Convention of Kloster Zeven），法英兩國政府均以該專約內容越出軍長普通享有之權限，須先經批准然後發生效力。法國政府以漢洛瓦軍隊不再參加作戰為批准條件，因是未有批准；英王亦以漢洛瓦君主資格拒絕予以承認（註十三）。

乙、一七九九年統率駐埃及法軍克勒巴將軍（General J. B. Kleber）鑒於情勢之惡劣，不能長久支持，乃向當時由敘利亞（Syria）進兵之土耳其高級長官（Grand Vizier），並英國地中海艦隊提督機夫將軍（Lord Keith）屬下駐防埃及海疆之史密斯爵士（Sir S. Smith）建議投降條件（proposal or capitulation）。一八〇〇年一月二十四日，史密斯與克勒巴乃訂立愛爾亞力斯專約（Convention of El Arish），亦名愛爾亞力斯投降規約（Capitulations），載明法國在埃及之軍隊，得攜帶軍用品行李與財物，開回法國。及至二月二十二日，史密斯接受機夫將軍命令，以去年十二月十七日倫敦來訓，僅許法軍降作俘擄，然後押送離境，不准自動班師。惟法軍已根據該專約將所佔土耳其領土歸還，乃憤而整軍重戰（註十四）。

丙、美國內戰（American Civil War）行將告終時，一八六五年四月夏門將軍（General Sherman），與當

時駐紮密西息皮河（Mississippi）以東反聯邦軍之最後
一軍軍長約翰士登將軍（General Johnston）所訂之投
降規約，係一越權所訂之件之極好實例。該規約載明反
聯邦軍隊（Confederate soldiers）應立即解散，並將槍
械繳入各本洲（state）之軍械庫內；歸順之各州政府，
聯邦當局將予以承認，反聯邦各州人民政治權益及選舉
權，應與聯邦公民一視同仁，予以保障。此種規定雖然
夏門將軍當時信為可蒙中央當局批准，但已越出軍事範
圍，並超過該將軍所受有之權限，是以華盛頓當局拒絕
予以承認（註十五）。

丁、在近年我國外交史上，亦有一類似之事件，民國
十八年國府派蔡運昇與蘇聯代表司曼諾夫斯基（Mr.
Simanovsk）在伯利地方（Khabarovsk）開預備會議，
為初步商議解決因中東鐵路發生之糾紛問題，並討論嗣
後舉行正式會議之手續。惟蔡代表對於俄方超越範圍之
提議，並未電陳政府請示，率爾簽字，且允自簽字之日
起發生效力。國府對於該代表在伯利於一九二二年十二
月二十二日所簽訂之紀錄十條，認為或逾越該代表所受
權限範圍或與事實慣例不符，除該紀錄之第一、二、三
條前經電政府並獲得同意可予實行外，其餘各條未經政
府核准，不能發生效力。爰於十九年二月八日正式發表
中英文宣言。指明該紀錄係越權所訂之件，有「中國
代表實屬超越權限」一語（In so doing he has acted ultra
vires）（註十六）。

綜觀上文引述關於越權所訂文件之理論與實例，即
知此項文件必須政府事後追認始克發生效力，不能以其

暫無表示而視為批准，此層已久為國際法學者所承認
（註十七）。如我政府以所謂何梅協定過於苛酷，而欲
得一根本打消之辦法，不無可以借鏡之處，且可以引述
去年　月　日中央所通過不得簽訂任何文件之決議為之
傍證。但於未明白指出該信函為越權所發之件時，不得
不先將我方經手人之地位及對方之駁議加以考慮。若公
開指之為越權所發之件，則不啻將經手人對眾唾棄，關
於責任最後之寄托問題，勢必引起申辯以致另生枝節。
且當時何部長身膺北方重任，處事之難，用心之苦，早
為人所洞悉，而渠於國民革命，更具勳勞，將來歷史昭
垂，尤須顧全清譽。而況日方對於此事亦不患無詞，其
可持為駁議者，計有三項理由：一、該「協定」所包括
事項之一部分，早已實行，且為國民政府所明知因可視
為默認之批准（註十八）。二、何氏信函如果係越權所
發之件，則一經發覺，即須知照對方表示意見，不容暫
守緘默，至若干時日後乃披露其立場（註十九）。三、
陸海軍將官對於休戰（suspension of arms）與暫時停戰
協定投降規約（capitulations）及交換俘虜（cartels for
the exchange of prisoners）等件有便宜訂立之權，毋須
政府批准然後發生效力（註二十）；「何梅協定」係為
解決曩年華北戰事所引起而未了結之事項，斯可認為塘
沽協定之續訂條款；該協定同為中國軍人所簽訂，亦未
經中國政府明令批准，業已施諸實行，上述第一、二兩
點，不無相當理由，國際法學者持此主張者頗不乏人；
至於第三點則根據頗為薄弱，蓋每當戰時交戰國之陸海
軍司令，雖以其地位關係有訂立上述協定與規約之權，

然不能越出其官級所賦予之權限，更不能附載任何政治條款（註二十一）。如越此範圍，則祇能以自動代理事件（negotiorum gestio）視之（註二十二）；效力亦與越權所訂之件（Sponsion or treaty sub spe rati）相同（註二十三）。

（四）既有相當束縛力，而現在是否仍屬繼續生效──除我政府認之為越權所訂之件，而日方亦不加反對外，何氏信函不無多少束縛力，至束縛力之程度，則以我方之立場而定，茲討論如次：若以該函確已構成承諾，且所允許之事項又有如來件所載，則自不能認為義務終了。即義務一部分業已履行，其餘部分尚有待他時辦理，以之與國內法之契約相比擬，則可稱之為尚須執行之契約（executory contract）。來件第一總目內各條款既多少帶有將來履行之性質，例如第九項關於禁止全國排日行動之類，而其第二總目所謂附帶事項三款，內載「關於各約定事項之實施日方得採監視並糾察手段」，將來更有鉅大之影響。誠如上述之假定，則日方對於實施該承諾之措置不啻享有自由行動之權；至於如何使來件內容得以實踐，何種監視及糾察手段為適宜一層，非復我政府所能過問。假如我政府之立場，以為所承諾者僅限於酒井口頭所提出之某某數事項，且早經按約履行；如此即使日方堅持何氏信函確已構成承諾，應以國際契約視之，亦不過係一種業已履行之契約（executed contract）而已，從嚴格說，已經履行之契約，僅足表示成交之效果。除證明過去事件外，不能與普通所謂契約者同日而語；對於當事者，更不再發生任

何新義務（註二十四）。國家之於條約與協定，原則亦大致相同；即條約中所規定之義務業經履行，則不能發生新義務，但不得以之為無效（invalid），蓋該約仍有歷史上之價值，可為往事之憑據也（註二十五）。如我政府以何氏信函僅係通知書性質，用以知照日方，告以酒井所提出之某某事項，中國政府允予自動執行。如我政府更以該事項確已辦理完竣，則自無任何契約上之義務，所餘者祇有所謂道德上之效力，即就普通道義言，中國政府不便遽然恢復原來狀態也。此種觀點於我確為有利，自毋待言，但能否成立，且能取得對方之諒解，尚屬疑問。

（五）所謂「何梅協定」所包括之法律問題，大概有如上述，茲綜合所有解釋分五項開列如後：

（一）何氏信函確係對「酒井所提各事項」全數表示承諾，而酒井所提各事項又復如來文所列條款，如此則已經辦理者尚屬不足，另有其他義務須待將來履行。且不能恢復未舉辦以前之狀態，對方更有監視及糾察實施之權。此為日方勢必主張，於我國最不利之解釋。

（二）何氏之信函雖係表示承諾，然所承諾者僅限於酒井口頭提出之某某事項，且均已執行；如此，則無須再負任何新義務。如我方擬採取此說，則須即行決定承諾者為某某事項，並準備將該事項列舉，佐以適當之證據。惟我方未便竟行恢復未執行以前之狀態，致令業經執行者抵消無效，關於此點，我方可作嚴格解釋，即所承諾者係撤退軍

隊第某某師憲兵第某某團，並更換人員某某數事項；中國政府之義務，僅限於斯。當中日關係未能朗清之時，可不再令某某人員恢復原職，並不再行派遣某某師團回防；但中國政府仍得派遣他軍駐紮，以後派委在河北省內之文武官員亦無徵詢日方同意之義務。

（三）該信函並非國際契約性質，僅係普通通知書，藉以表示日方所希望事件之某某數項（亦以列舉附以左證為宜），均經自動執行而已。其目的係為促進中日友誼起見，本屬單方行為，本非國際協定。日方武官交來之件雖經閱悉。但所載條件未經接受。竊以我方當時確有此意，惜乎復函措詞未能將此意暢達耳。

（四）該函係越權所發之件，無論其在國際條約解釋上曾否構成承諾，於未經批准之先，對於中國攻府不能發生束縛力。欲持此議，頗有相當困難。

以上各節僅係就國際法範圍討論，至於結論四項似以第三項於我方最為有益，而第二項則較易成立，所須考慮者，衹以對方可乘機擴大所謂口頭提出各條件之範圍，借故穿鑿耳。然究竟應採取何種立場之處？尚乞鈞裁。
謹呈部、次長。

　　　　　　　　　　　職　譚紹華　謹呈
　　　　　　　　　　　廿五年二月廿二日

民國史料 13

近代中日關係史料彙編：
日軍侵犯上海與進攻華北

Historical Documents on Modern Sino-Japanese
Relations: The Japanese Invasion of Shanghai
and Northern China

編　　者　民國歷史文化學社編輯部
總 編 輯　陳新林、呂芳上
執行編輯　林育薇
美術編輯　溫心忻、盤惠秦

出 版 者　🛡 **開源書局出版有限公司**
　　　　　香港金鐘夏慤道 18 號海富中心
　　　　　1 座 26 樓 06 室
　　　　　TEL：+852-35860995

　　　　　✾民國歷史文化學社
　　　　　10646 台北市大安區羅斯福路三段
　　　　　　　　37 號 7 樓之 1
　　　　　TEL：+886-2-2369-6912
　　　　　FAX：+886-2-2369-6990

銷 售 處　源流成文化 股份有限公司
　　　　　10646 台北市大安區羅斯福路三段
　　　　　　　　37 號 7 樓之 1
　　　　　TEL：+886-2-2369-6912
　　　　　FAX：+886-2-2369-6990

初版一刷　2019 年 12 月 30 日
定　　價　新台幣 350 元
　　　　　港　幣　90 元
　　　　　美　元　13 元
I S B N　978-988-8637-43-0
印　　刷　長達印刷有限公司
　　　　　台北市西園路二段 50 巷 4 弄 21 號
　　　　　TEL：+886-2-2304-0488